KB162243

키워드로 보는 한국 문화 15강

집필진

유필재 울산대학교 국어국문학부 교수
김선주 울산대학교 국어국문학부 한국어문학과 객원교수, 방송드라마 작가
마소연 울산대학교 국어국문학부 한국어문학과 객원교수
진가리 중국 루동(魯東)대학교 울산선박해양학과 교수

키워드로 보는 한국 문화 15강

초　판 1쇄 발행 2015년 2월 13일
수정판 1쇄 발행 2021년 2월 25일

지은이 유필재 김선주 마소연 진가리
펴낸이 이대현
책임편집 강윤경 | 편집 이태곤 권분옥 문선희 임애정
디자인 안혜진 최선주 | 마케팅 박태훈 안현진
펴낸곳 도서출판 역락 | 등록 1999년 4월 19일 제303-2002-000014호
주소 서울시 서초구 동광로46길 6-6 문창빌딩 2층(우06589)
전화 02-3409-2060(편집부), 2058(영업부) | 팩스 02-3409-2059
전자우편 youkrack@hanmail.net | 홈페이지 www.youkrackbooks.com
ISBN 979-11-6244-694-2 03300

* 정가는 뒤표지에 있습니다.
* 파본은 교환해 드립니다.

삽입이미지(일부): Getty Images Bank, 이미지비트

키워드로 보는
한국 문화 15강

—— 유필재 김선주 마소연 진가리 ——

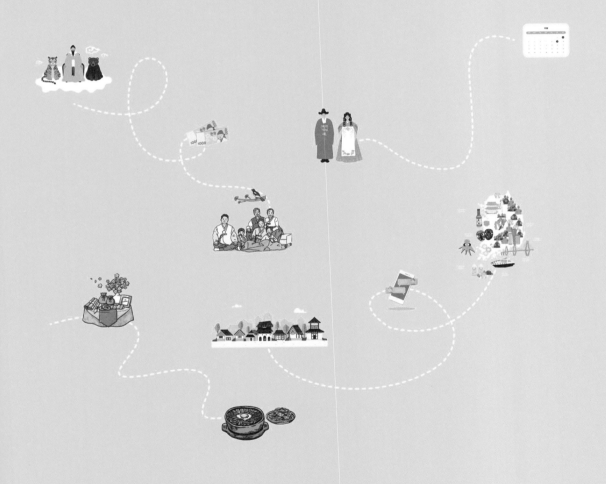

역락

머리말

다른 나라의 언어를 배우는 일은 쉽지 않은 일이다. 다른 나라의 문화까지 이해하는 일은 더더욱 어렵게 느껴진다. 그렇다고 해서 문화를 등한시하고 언어만 배울 수는 없는 일이다.

문화는 한 나라의 언어와 직접적으로 연결되었기 때문이다. 다시 말해서 한 나라의 언어를 배우는 일은 그 나라의 문화를 배우는 일이다.

교수자의 입장에서 어떻게 하면 쉽게 문화를 가르칠 것인가는 큰 고민이다. 방대한 문화를 한 학기나 두 학기 만에 이해시키는 일은 쉽지 않기 때문이다.

이를 위해 한국의 자연 환경에서부터 한국의 역사, 사회 등에 이르기까지 한국의 과거와 현대를 이해하기 위한 내용으로 구성했다.

이 책은 초급, 중급 수준의 한국어 학습자를 대상으로 하는 교재로 개발되었다. 한국 문화를 통해 한국을 배우고 한국어를 익힐 수 있도록 구성했다. 또한 회화와 사진을 함께 배치함으로써 한국 문화에 대한 이해를 높이도록 배려하였다.

이 책을 통해 한국 문화 전반에 대한 이해가 향상되기를 기대해 본다.

2021년 2월 집필자 일동

contents

교수요목

단원	제목	내용	활동
1	오늘은 빨간 날	한국의 5대 국경일	국기 비교하기
2	우리는 단군의 자손	한국의 뿌리	편지 쓰기
3	까치 까치 설날!	한국의 명절	이메일 쓰기
4	연지곤지	한국의 결혼	청첩장 만들기
5	돌잔치	한국의 돌잔치	돌상 만들기
6	광식이 동생 광태	한국의 이름	삼행시 짓기
7	우리 이모? 이모님?	한국의 가족	가계도 만들기
8	식사하셨어요?	한국의 인사말	어휘 찾기
9	무궁화 삼천리 금수강산	한국의 지명	택배 보내기
10	뭐라카노!	한국의 사투리	사투리로 문자보내기
11	한국 돈	한국의 돈	화폐 만들기
12	다 함께 비비자	한국의 비빔밥	비빔밥 만들기
13	카톡왔숑!	한국의 소통	포털 사이트 가입하기
14	드라마 공화국	한국 드라마	드라마 감상문 쓰기
15	한국인의 힘, 교육열	한국의 교육	카피(copy) 만들기

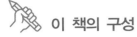 # 이 책의 구성

이 책은 모두 15개의 장으로 되어 있으며 각 과는 총 8개의 과정으로 묶여 있습니다.

1. 생각 펼치기

각 과에서 배울 내용에 대해 관심을 가질 수 있는 질문을 하고 답을 해 보도록 구성하였습니다.

2. 일러스트 및 회화

한국인과 외국인의 자연스러운 대화를 통해 한국 문화에 대한 흥미를 가지도록 구성하였습니다.

3. 문화 익히기

한국 문화를 쉽고 재미있게 이해할 수 있도록 초, 중급 수준의 어휘로 설명하였습니다. 이를 위해 국립국어원의 <한국어기초사전>의 뜻풀이를 따랐습니다. 단, <한국어기초사전>에 없는 어휘는 <표준국어대사전>의 뜻풀이를 따랐습니다. 어휘는 <국제통용 한국어 교육 표준모형 2단계>의 수준을 참고하였습니다.

4. 완전 정복 하기

한국 문화 익히기의 과정을 학습한 후 내용을 이해했는지 확인하는 문제를 풀어보도록 구성하였습니다.

5. 생각해 쓰기

한국 문화와 관련해 다양한 생각을 해 볼 수 있도록 구성하였습니다. 또한 생각한 바를 글쓰기로 표현해 볼 수 있도록 하였습니다.

6. 활동

한국 문화와 관련한 활동을 하면서 한국 문화를 재미있게 공부하도록 구성하였습니다.

7. 한국문화 깊이 알기

초, 중급 수준의 한국 문화뿐만 아니라 고급 수준의 한국 문화까지 깊이 이해할 수 있도록 구성하였습니다.

8. 쉬어가기

각 과에서 배운 내용과 관련한 흥미 있는 읽을거리로 구성하였습니다.

등장인물 소개

송위 : 21세의 유학생. 한국을 사랑하고 한국 음식을 좋아하는 중국인.
희선 : 21세의 국문과 대학생. 송위의 한국 문화 멘토링 친구.

송위   희선

오늘은 빨간 날

💡 생각 펼치기

빨간 날이라는 말을 들어본 적이 있나요?

한국의 빨간 날은 언제일까요?

희선 : 송위야! 너 무슨 일 있어? 얼굴이 왜 그래?

송위 : 강의실에 아무도 없어. 다시는 수업에 빠지지 않으려고 <u>마음먹었는데.</u>

희선 : 오늘 휴강인데, 몰랐어?

송위 : 전혀 몰랐지. 오늘 목요일인데 왜 휴강을 해?

희선 : 오늘은 빨간 날이라고 해서 쉬는 날이야.

송위 : 오늘 휴강이라니 <u>꿈에도 생각하지 못했어.</u> 빨간 날? 그런 날이 있어?

희선 : 한국의 국경일이야.

송위 : 아. 그렇구나. 그럼 은행도 가고 우체국도 가서 볼일을 봐야겠어.

희선 : 거기도 오늘은 다 쉬니까 갈 필요 없어.

송위 : 그래?

희선 : 지금부터 설명해 줄게. <u>소 잃고 외양간을 고친다고</u> 해도, 기억해둬야 다시 이런 일 없을 거니까. 들어 봐.

✎ 관용어 및 어휘

- **마음먹다** : 마음속으로 어떤 일을 하겠다고 결심하거나 생각하다.
- **휴강**(休講) : 강의를 하지 않고 쉼.
- **빨간 날** : 일요일이나 공휴일과 같이 달력에 빨간색으로 표시되어 일을 하지 않고 쉬는 날.
- **국경일**(國慶日) : 나라의 경사를 기념하기 위해 법으로 정하여 축하하는 날.
- **꿈에도 생각하지 못하다** : 전혀 생각하지 못했다는 말.
- **소 잃고 외양간 고치다** : 일이 이미 잘못된 뒤에는 바로잡으려고 애써도 소용이 없다.

국경일은 나라의 좋은 일을 축하하기 위해 만든 날이다. 이 날 한국인들은 집에 태극기를 걸고 국경일의 의미를 생각한다.

한국의 국경일은 총 5일이다. 삼일절(三一節), 제헌절(制憲節), 광복절(光復節), 개천절(開天節), 한글날이 한국의 5대 국경일이다.

먼저 개천절과 제헌절은 나라의 시작과 법의 제정을 기념하는 날이다. 개천절은 단군이 고조선을 세운 것을 기념하는 날이다. 한국인, 즉 한민족은 단일민족으로 단군의 후손이다. 개천절은 매년 10월 3일이다.

또 제헌절은 1948년 7월 17일 만들어진 한국 헌법을 기념하는 날이다. 자유민주주의를 지키고 헌법을 잘 따를 것을 약속하는 날이다. 단 2008년부터 공휴일에서 빠져 기념만 하고 있다.

한글날은 10월 9일로, 한글의 옛 이름인 훈민정음을 만든 날을 기념하는 날이다. 세종대왕은 1443년 훈민정음을 통해 서로 잘 통하며 사는 세상을 만들었다. 이 날 한국인들은 한국 고유의 문자인 한글의 소중함을 생각한다.

삼일절과 광복절은 한국의 아픈 역사와 관련이 있다. 한국은 1910년부터 1945년까지 일본의 지배를 받았다. 한국인은 일본의 지배에서 벗어나기 위해 온 힘을 다했다. 1919년 3월 1일의 독립운동을 기억하기 위해 만든 날이 삼일절이다.

한국이 일본의 식민지에서 벗어난 날이 광복절이다. 1945년 8

월 15일의 일이다. '빛을 되찾다'는 의미인 광복절에는 아픈 역사가 반복되지 않도록 마음을 먹으며 보낸다.

- **제정**(制定) : 법이나 제도를 만들어서 정함.
- **기념**(記念·紀念) : 훌륭한 인물이나 특별한 일 등을 오래도록 잊지 않고 마음에 간직함.
- **단일민족**(單一民族) : 여러 인종이 섞이지 않고 하나의 인종으로 구성된 민족.
- **헌법**(憲法) : 국가를 통치하는 기본 원리이며 국민의 기본권을 보장하고, 다른 것으로 대체할 수 없는 최고 법규.
- **자유민주주의**(自由民主主義) : 자유주의에 입각한 민주주의 사상.
- **훈민정음**(訓民正音) : 조선 시대 세종대왕이 만들어 낸, 한국어를 적는 글자.
- **식민지**(植民地) : 힘이 센 다른 나라에게 정치적, 경제적으로 지배를 받는 나라.

1. 한국에는 5대 국경일과 관련된 것을 연결해 보시오.

광복절 ·   · 3월 1일 ·   · 독립운동

삼일절 ·   · 7월 17일 ·   · 한국의 해방

한글날 ·   · 8월 15일 ·   · 훈민정음

개천절 ·   · 10월 9일 ·   · 한국 헌법

제헌절 ·   · 10월 3일 ·   · 고조선 건국

2. 앞의 글 내용과 같으면 ○, 다르면 ×를 표시하시오.

① 한민족의 시조는 단군이다.   (   )

② 제헌절은 현재 공휴일 중의 하나이다.   (   )

③ 한국은 100년 동안 일본의 지배를 받았다.   (   )

④ 개천절은 이성계가 조선을 세운 날을 기념한다.   (   )

3. 다음을 읽고 (　　　)에 들어갈 말을 각각 한 문장으로 쓰시오.

이용 안내

안녕하십니까?

한글 박물관의 휴관을 (　　　　　　　　　　　　　　　)

저희 박물관은 새해 첫날, 설날 당일, 추석 당일, 법정 공휴일에

(　　　　　　　　　　　) 오실 때 참고하시기 바랍니다.

---

4. 다음의 문장에 맞는 관용어를 찾아 넣으시오.

마음먹다　　　꿈에도 생각하지 못하다　　　소 잃고 외양간 고치다

- 공휴일에는 아무 것도 하지 않고 쉬기로 (　　　　　　　　)

- 내가 한국에 와서 한국어를 배우게 될 것이라고는 (　　　　　　)

- 도둑을 맞고 나서 비밀 번호를 바꾸는 것은 (　　　　　　　　) 일이다.

– 한국의 국경일 중에서 가장 인상 깊은 국경일은 언제인가요?

....

....

....

....

....

....

– 여러분이 국경일로 지정하고 싶은 날이 있나요?

....

....

....

....

....

....

– 여러분 나라의 국경일은 언제인가요?

여러분 나라의 국기와 한국의 국기를 비교해 보시오.

	한국	여러분 나라
이름		
모양		
의미		
특징		

❖ 법정 공휴일과 법정기념일

	명칭	날짜	의미	비고
법정공휴일	신정	1월 1일	새해의 첫날	
	설날	음력) 1월 1일	명절	매년 달라짐
	부처님오신 날	음력) 4월 8일	석가모니의 탄생을 기념하는 날	
	어린이날	5월 5일	어린이를 위하여 정한 날	
	현충일	6월 6일	나라를 위해 목숨을 바쳐 충성한 사람들을 기리는 날	
	추석	음력) 8월 15일	명절	매년 달라짐
	크리스마스	12월 25일	예수의 탄생을 기념하는 날	
법정기념일	식목일	4월 5일	나무를 많이 심고 잘 가꾸도록 권장하기 위해 정한 기념일	
	4.19혁명 기념일	4월 19일	1960년 4월 19일 학생과 시민이 일으킨 반독재 민주주의 운동의 기념일	
	어버이날	5월 8일	아버지와 어머니의 사랑과 은혜에 감사하기 위해 정한 기념일	
	스승의 날	5월 15일	스승의 은혜에 감사하기 위해 정한 기념일	
	국군의 날	10월 1일	군인들의 사기를 높이기 위해 정한 기념일	

※ **법정공휴일** : 관공서의 공휴일에 관한 규정에 의해 공휴일이 된 날.

※ **법정기념일** : 나라에서 정해 기념일이 된 날.

※ **양력(陽曆)** : 지구가 태양의 둘레를 한 바퀴 도는 데 걸리는 시간을 일 년으로 정해 날짜를 세는 달력.

※ **음력(陰曆)** : 달이 지구를 한 바퀴 도는 데 걸리는 시간을 기준으로 하여 날짜를 세는 달력.

❖ 공휴일에 찾아갈 만한 곳

한글날에는 한글박물관을!

프로그램: 한글 관련 전시, 교육, 강연 등

주소: 서울 용산구 서빙고로 139

입장료: 무료

삼일절, 광복절에는 독립기념관을!
프로그램: 독립 운동의 역사 교육 및 전시

주소: 충남 천안시 동남구 목천읍 독립기념관로 1

입장료: 무료

제헌절에는 국회의사당을!

주소: 서울 영등포구 의사당대로 1

※ 의사당 내에는 들어갈 수 없지만
국회도서관 등은 이용 가능함.

우리는 단군의 자손

💡 생각 펼치기 ─────

여러분의 민족은 누구의 자손인가요?

단군 이야기를 들어본 적 있나요?

송위 : 아기가 정말 예쁘다. 누구니?

희선 : 우리 조카야. 한 달 전에 태어났는데 정말 예쁘지?

송위 : 정말 귀여워. 근데 엉덩이엔 왜 멍이 있어?

희선 : 멍이 아니라 몽고반점이야. 한국인은 모두 몽고반점을 가지고 태어나.

송위 : 몽고반점? 처음 듣는 이야기야.

희선 : 한국인은 단군의 후손으로 단일 민족이잖아. 한국인의 엄마는 곰이었대.

송위 : 곰이 어떻게 인간이 돼?

희선 : 그건 맞는 말이긴 한데, 잘 참으면 될 수도 있대. 그래서 한국에는 <u>참는 자에게 복이 있다</u>는 말이 있잖아. 그리고 인간이 돼서 낳은 아이가 단군이야.

송위 : 너 내가 <u>귀가 얇다</u>고 놀리려는 거지?

희선 : 한국인들은 모두 그렇게 생각해. 너희들도 시조가 있을 거잖아.

송위 : 글쎄, 난 잘 모르겠어. 찾아보고 알려줄게. 그럼 너도 몽고반점 있어? 한번 보자.

희선 : 또 장난치려고 그러지? 네가 아무리 그래도 난 곰처럼 <u>눈도 깜짝 안 하고</u> 단군 이야기를 할 거야. 잘 들어 봐.

🖉 관용어 및 어휘

- **멍** : 부딪히거나 맞아서 피부 바로 아래에 퍼렇게 피가 맺힌 것.
- **몽고반점(蒙古斑點)** : 갓난아이의 엉덩이, 등, 허리 등에 있는 멍처럼 퍼런 점.
- **후손(後孫)** : 자신의 세대에서 여러 세대가 지난 뒤의 자녀.
- **참는 자에게 복이 있다** : 힘든 일이 있더라도 결국은 참고 견디는 사람에게 좋은 결과가 있다.
- **귀가 얇다** : 남의 말을 쉽게 받아들인다.
- **시조(始祖)** : 민족, 왕조, 가계 등의 맨 처음이 되는 조상.
- **눈도 깜짝 안 하다** : 조금도 놀라지 않고 태연하다.

"아름다운 이 땅에 금수강산에 단군 할아버지가 터 잡으시고~"로 시작하는 노래가 있다. 한국인이라면 누구나 아는 '한국을 빛낸 100명의 위인들'이라는 노래이다. 이 노래의 첫 구절에 등장하는 위인은 '단군'이다. 한국인들은 '단군'을 '단군 할아버지'라고 부른다. 한민족의 시조이기 때문이다.

단군의 아버지는 하늘의 신인 '환인(桓因)'의 아들 '환웅(桓雄)'이다. 환웅은 태백산으로 내려와 인간 세상을 다스리며 살고 있었다. 어느 날 호랑이와 곰이 환웅을 찾아와 사람이 되고 싶다고 했다. 환웅은 이들에게 쑥과 마늘을 주면서 100일 동안 빛을 보지 않으면 사람이 될 것이라고 말했다.

호랑이와 곰은 햇빛이 들지 않는 동굴로 들어가 쑥과 마늘을 먹으며 지냈다. 하지만 호랑이는 참지 못하고 동굴을 뛰쳐나가 꿈을 이룰 수 없었다. 반대로 곰은 끝까지 기다려 사람이 되었다. 사람이 된 곰, 웅녀(熊女)는 아이를 낳고 싶어 매일 기도한다. 이를 알게 된 환웅은 사람으로 변해 웅녀와 결혼하였다. 열 달 후 웅녀는 아이를 낳게 되었는데 그 아이가 바로 단군이다.

이 단군이 한반도에 처음 세운 나라가 바로 '고조선'이다. 고조선은 기원전 2,333년에 세워졌다. 그래서 한민족의 역사는 단군과 고조선에서 시작한다. 단군은 1,500년 동안 나라를 다스린 후에 산신이 되었다.

한국인은 단군의 후손으로 단일민족이라는 자부심이 크다. 그래서 나라의 위기가 오면 온 국민이 힘을 합쳐 극복해내기도 한다. 1997년 금모으기 운동으로 극복한 IMF 외환위기, 2002년 월드컵의 '붉은 악마'의 뜨거운 응원 등은 대표적인 예이다.

● ● ○

- **금수강산(錦繡江山)** : (비유적으로) 비단에 수를 놓은 것처럼 아름다운 한국의 자연.
- **빛내다** : 어떤 것을 매우 돋보이게 하거나 가치 있는 것으로 만들다.
- **위인(偉人)** : 뛰어난 업적을 세우거나 훌륭한 삶을 산 사람.
- **다스리다** : 국가나 사회, 단체, 집안의 일을 보살펴 관리하고 통제하다.
- **동굴** : 자연적으로 생긴 깊고 넓은 큰 굴.
- **산신(山神)** : 산을 지키고 다스리는 신.
- **후손(後孫)** : 자신의 세대에서 여러 세대가 지난 뒤의 자녀.
- **IMF경제위기** : 1997년 11월에 우리나라가 가진 외환이 너무 부족해 국제 통화 기금 (IMF)으로부터 자금 지원을 받은 사건.
- **붉은 악마** : 한국 축구 국가대표팀을 응원하기 위해 1995년 12월에 축구팬들에 의해 자발적으로 결성된 응원단체.

1. 다음과 관련된 것을 연결해 보시오.

고조선 •   • 단일 민족

환웅 •   • 웅녀

곰 •   • 단군

한국인 •   • 환인의 아들

2. 앞의 글과 내용이 같으면 ○, 다르면 ×를 표시하시오.

① 고조선은 기원전 2,333년 무렵에 세워졌다.   (   )

② 단군의 아버지는 환인이다.   (   )

③ 곰은 동굴에서 남자로 태어났다.   (   )

④ 호랑이는 동굴에서 마늘을 먹으며 버텼다.   (   )

3. 다음을 읽고 (   )에 들어갈 말을 각각 한 문장씩으로 쓰시오.

> **신청 안내**
>
> 안녕하십니까? 저는 하늘에서 내려온 환웅입니다. 사람이 되고자 하는 동물을 (   ) 신청하실 분은 일요일까지 전화로 (   )
> 제 연락처는 010-1111-2222입니다.

4. 다음의 문장에 맞는 관용어를 찾아 넣으시오.

> 참는 자에게 복이 있다   귀가 얇다   눈도 깜짝 안 하다

- 호랑이야, (   )고 하니까 조금만 참자.
- 나는 (   ) 또 휴대폰을 새로 바꿨어.
- 만우절에 (   ) 거짓말을 해서 친구들이 엄청 놀랐다.

– 단군의 이야기에서 가장 인상적인 것은 무엇인가요?

....

....

....

....

....

....

– 곰과 호랑이의 행동과 결과는 어떻게 다른가요?

....

....

....

....

....

....

- 여러분 나라에 시조 이야기가 있나요?

....

....

....

....

....

....

....

✤ 동굴의 곰에게 응원의 편지를 보내 보시오.

안녕하세요? 곰씨!

⟡⟡⟡ 드림.

✤ 한국 각 나라의 시조

나라	시조
고조선	단군
고구려	주몽
백제	온조
신라	박혁거세
가야	김수로
후백제	견훤
후고구려	궁예
고려	왕건
조선	이성계

✣ 단군을 찾아 떠나는 여행: 태백산과 마니산

강원도 태백산(太白山) 천제단

- 환웅이 하늘에서 내려와 나라를 세운 산.
- 강원도 태백시 소도동 산 80
- 겨울의 눈꽃축제가 유명함.

강화도 마니산 참성단

- 단군이 하늘에 제사를 지내기 위해 마련했다는 장소.
- 개천절에 제례를 올림.
- 인천 강화군 화도면 상방리 산 35

까치 까치 설날!

💡 생각 펼치기

〈까치의 설날〉이라는 노래를 들어본 적 있나요?

여러분 나라는 어떤 명절이 있나요?

희선 : 까치~ 까치~ 설날은 어저께고요.

송위 : 무슨 노래야?

희선 : 설날에 부르는 노래야.

송위 : 그래? 그런데 까치 설날이라고 해?

희선 : 설 전날을 까치설날이라고 해. 그리고 너 설빔 알아?

송위 : 처음 듣는 이야기야.

희선 : 한국에서는 설에 부모님이 새 옷이나 신발을 만들거나 사 주시거든. 그 옷이나 신발을 설빔이라고 해. 설빔을 예쁘게 입고 어른들께 세배를 해야 돼.

송위 : 세배는 또 뭐야?

희선 : 설날에 어른들께 인사로 하는 절이야.

송위 : 아! 그 때 세뱃돈도 받는 거구나. <u>가는 말이 고와야 오는 말이 곱다</u>는 것하고 같은 거네.

희선 : 그건 좀 이상하긴 한데, 주고받는 것 같아. 그리고 <u>떡국도 먹어야</u> 해.

송위 : 어……. 잠깐만. 그러니까 설에는 설빔을 입고, 세배를 하고, 떡국을 먹어야 하는구나. 설날에는 <u>눈코 뜰 새 없이</u> 바쁘겠다.

희선 : 어머니가 제일 바빠서. 참, 설에 우리 집에 올래?

송위 : 고마워. 선물을 준비해서 갈게.

✎ 관용어 및 어휘

- **설빔** : 설에 새로 마련하여 입거나 신는 옷이나 신발.
- **절** : 남에게 공경하는 뜻으로 몸을 굽혀 하는 인사.
- **가는 말이 고와야 오는 말이 곱다** : 자기가 다른 사람에게 말이나 행동을 좋게 해야 다른 사람도 자기에게 좋게 한다.
- **떡국을 먹다** : 나이를 한 살 더 먹다.
- **눈코 뜰 사이 없다** : 정신 못 차리게 몹시 바쁘다.

한국인들은 일 년에 두 번 있는 명절에 온 가족이 모인다. 명절을 가족과 함께 보내기 위해 고향으로 가는 길을 '민족의 대이동'이라고 한다.

한국의 대표적인 명절은 설날과 추석이다. 설날은 1월 1일로 새로운 해가 시작되는 날이다. 한국에는 양력설과 음력설이 있다. 양력 1월 1일은 '신정(新正)'이라고 부른다.

대부분의 한국인은 음력설을 보낸다. 이때 설날을 기준으로 앞뒤의 날까지 포함해 삼 일간 연휴를 보낸다. 한국인은 "새해 복 많이 받으세요."로 다른 이의 복을 빌어 주는 것으로 한 해를 시작한다.

설에는 떡국을 먹는다. 떡국을 한 그릇 먹고 나면 나이가 한 살 더 많아진다고 여긴다. 또 설빔도 입는다. 설빔은 새해를 맞이해 새로 해 입는 옷을 말한다. 설날을 대표하는 놀이로는 윷놀이, 널뛰기, 연날리기, 쥐불놀이가 있다.

설날 아침이 되면 조상님께 차례를 지낸 후 집안 어른들께 세배를 드린다. 어른들은 아랫사람에게 좋은 말씀과 세뱃돈을 주신다.

추석은 음력 8월 15일로 '한가위'라고도 부른다. '더도 말고 덜도 말고 한가위만큼만 하여라'라는 말이 있다. 추석 전후는 일 년 중에서 가장 풍성한 시기이다. 한 해 동안 무사히 농사를 지은 것에 대해 조상님께 감사드리는 날이다.

추석을 대표하는 음식으로는 송편이 있다. 추석이 되면 온 가족이 둘러 앉아 송편을 빚으며 정을 나눈다. 추석 아침이 되면 차례를 지내고 성묘를 간다. 추석을 대표하는 놀이로는 강강술래, 소싸움 등이 있다.

한국인은 가족과 친척이 한 자리에 모여 나누어 먹는 송편과 떡국 한 그릇에서 자신의 뿌리를 확인하고 정을 나눈다. 뿐만 아니라 가까운 궁궐이나 관광지를 방문해 다양한 추억을 쌓으며 즐거운 시간을 보낸다.

- **복(福)** : 살면서 누리는 행운.
- **조상(祖上)** : 한 집안에서 먼저 태어나 살다가 돌아가신 어른.
- **차례(차禮)** : 추석이나 설날 등의 낮에 지내는 제사.
- **세뱃돈(歲拜-)** : 설에 세배를 하고 받는 돈.
- **성묘(省墓)** : 조상의 산소를 찾아가서 돌봄. 또는 그런 일.

1. 다음과 관련된 것을 연결해 보시오.

추석 음식   ·   ·   떡국

추석 놀이   ·   ·   송편

설 음식   ·   ·   연날리기

설 놀이   ·   ·   강강술래

2. 앞의 글과 내용이 같으면 ○, 다르면 ×를 표시하시오.

① 한국에는 옛날부터 설 연휴 기간이 일주일이다.   (   )

② 강강술래는 추석을 대표하는 놀이이다.   (   )

③ '설빔'은 새해를 맞아 새로 산 옷이나 신발을 말한다.   (   )

④ 한국인은 '떡국을 먹으면 한 살 더 먹는다.'라고 표현한다.   (   )

3. 다음을 읽고 (   )에 들어갈 말을 각각 한 문장씩으로 쓰시오.

> 무료 이용 안내
> 설날에는 경복궁, 창덕궁, 덕수궁 등의 궁궐에 한복을 입고 오면
> (   ) 전통 한복이나 생활 한복 모두 한복으로
> 인정하오니 한복을 입고 (   )

4. 다음의 문장에 맞는 관용어를 찾아 넣으시오.

> 떡국을 먹다   눈코 뜰 사이 없다   가는 말이 고와야 오는 말이 곱다

- 이번에 (   )으면 서른이 된다.
- 농촌 사람들은 가을에 (   )
- (   )는 말이 있으니까 항상 조심해야 해.

– 한국에서 명절을 보내본 적이 있나요? 어떤 느낌이었나요?

....

....

....

....

....

....

– 한국의 명절에 해 보고 싶은 놀이는 무엇인가요?

....

....

....

....

....

....

– 여러분 나라에서 가장 중요한 명절은 언제인가요?

❖ 선생님께 명절 인사를 드리는 이메일을 써 보시오.

※ 이메일 보내는 방법!

　제목 : 목적

　내용 : 인사＋목적＋인사

한국인은 다양한 전통 놀이를 하며 살아왔다. 몇 가지 전통 놀이를 소개하면 다음과 같다.

● 윷놀이: 편을 갈라 윷으로 승부를 겨루는 놀이. 둘 또는 두 편 이상의 사람이 교대로 윷을 던져서 도·개·걸·윷·모의 끗수를 가리며, 그에 따라 윷판 위에 네 개의 말을 움직여 모든 말이 먼저 최종점을 통과하는 편이 이긴다.

● 널뛰기: 긴 널빤지의 중간을 괴어 놓고 양쪽 끝에 한 사람씩 올라서서 번갈아 뛰어 오르는 놀이. 우리나라 고유의 놀이로 주로 음력 정월이나 단오, 추석에 여자들이 한다.

● 연날리기: 바람을 이용하여 연을 하늘 높이 띄움. 또는 그런 놀이.

● 쥐불놀이: 정월 대보름의 전날에 논둑이나 밭둑에 불을 붙이고 돌아다니며 노는 놀이. 특히, 밤에 아이들이 기다란 막대기나 줄에 불을 달고 빙빙 돌리며 노는 것을 이른다.

● 강강술래: 정월 대보름날이나 팔월 한가위에 남부 지방에서 행하는 민속놀이. 여러 사람이 함께 손을 잡고 원을 그리며 빙빙 돌면서 춤을 추고 노래를 부른다. 2009년에 유네스코 세계 무형 유산으로 지정되었다.

♣ 떡국과 송편 요리법

〈떡국 요리법〉

1. 멸치/사골 육수를 끓인다.

2. 가래떡을 넣고 끓인다.

3. 지단을 올린다.

※ 조랭이떡: 황해도 개성 지방의 떡국으로,
    떡이 눈사람 모양인 것이 특징이다.

〈송편 요리법〉

1. 멥쌀가루를 뜨거운 물로 반죽한다.

2. 반죽을 떼어내 둥글게 만들어 소를
    담고 송편 모양으로 만든다.

3. 만든 송편을 찐다.

※ 송편을 예쁘게 빚으면
예쁜 딸을 낳는다고 생각한다.

연지곤지

생각 펼치기

한국의 결혼식을 직접 본 적이 있나요?

어떤 기대를 가지고 있나요?

희선 : 주말에 뭐 했어?

송위 : 김 교수님 결혼식 갔었어.

희선 : 김 교수님 결혼하셨어? 날을 언제 잡으셨대?

송위 : 어. 지난주에 깜짝 발표하셨거든. <u>국수 먹여준다고</u> 하시더라고.

희선 : <u>콧대가 높으셨는데</u> 멋진 왕자님을 만나신 모양이네. 결혼식은 어땠어?

송위 : 제대로 못 봤어. 30분도 안 했던 것 같아.

희선 : 한국에선 다들 그렇게 해.

송위 : 멋진 결혼식을 보고 싶었는데. 게다가 사람들도 어찌나 많은지. 참 웨딩 드레스만 입고 한복도 안 입으셨던데?

희선 : 폐백이라고 가족들하고만 하는 행사에선 입으셨을 거야.

송위 : 중국 가기 전에 꼭 한국 전통결혼식을 보고 싶었는데.

희선 : 알았어. 널 봐서라도 멋진 결혼식 보여 줄게.

송위 : 너 시집 가?

희선 : 아니. 나중에 결혼할 때 청첩장 보낼 테니까 비행기 타고 날아 와.

송위 : 좋아. 내가 어디 있든 꼭 참석할게.

✏️ 관용어 및 어휘

- **날을 잡다** : 결혼식 날짜를 정하다.
- **국수(를) 먹다** : 결혼식 피로연에서 흔히 국수를 대접하는 데서, 결혼식을 올리는 일.
- **콧대가 높다** : 잘난 체하고 뽐내는 태도가 있다.
- **폐백(幣帛)** : 결혼할 때 신부가 시부모와 시댁 친척 어른들에게 절을 하는 일.
- **청첩장(請牒狀)** : 결혼식 등에 남을 초청하는 글을 적은 카드

한국의 결혼식은 서양식과 한국식을 함께 한다. 서양식 예식은 보통 예식장에서 열리는데, 30분 이내에 끝난다. 이때 신부는 하얀색의 웨딩드레스를 입고 신랑은 검정색 턱시도를 입는다.

서양식 예식을 마친 후 한복을 입고 폐백을 한다. 이때 한복은 조선시대 왕이나 왕비가 입던 옷을 입는다. 얼굴에는 연지곤지를 찍는다. 연지곤지에는 나쁜 기운을 쫓는 힘이 있다고 생각하기 때문이다.

예전에는 결혼식 때 먹는 대표적인 음식이 국수였지만 현재는 뷔페가 가장 보편적이다.

결혼식과 함께 장례식, 성인식, 제사 등도 있다. 이를 통과의례(通過儀禮)라고 한다. 통과의례는 누구나 살아가면서 겪는 일과 예법을 말한다.

성인식은 머리에 관(冠)을 쓰는 의식으로 양반가의 남자들에게 행해졌던 의식이다. 지금은 남녀 모두 성인식을 한다. 한국에서는 매년 5월 셋째 주 월요일이 성년의 날이다. 만 20세가 된 성인들에게 향수와 키스, 장미꽃을 선물한다.

그리고 장례는 장사를 지내는 일이다. 장사는 사람이 죽었을 때 묻거나 화장하는 일을 말한다. 요즘 한국에서는 장례식은 보통 3일이다. 과거에는 매장(埋葬)이 보편적이었지만 최근에는 화장(火葬)이 일반적이다.

장례식이나 결혼식에 참석할 때에는 부조(扶助)를 한다. 좋은 숫자라고 생각하는 홀수인 3, 5, 7만 원을 봉투에 넣는다.

제사는 돌아가신 조상에 대한 존경과 감사의 마음을 표현하는 의식이다. 최근 한국에서는 제사를 지내는 가정이 많이 줄고 있다.

이렇듯 한국의 통과의례는 유교 문화에 뿌리를 두고 있다. 하지만 현대 사회에서는 유교 문화가 점점 사라지면서 절차가 간단해지고 있다.

● ● ●

- **연지(臙脂)** : 여자가 화장할 때에 입술이나 뺨에 찍는 붉은 빛깔의 염료.
- **곤지** : 전통 혼례에서 신부의 이마 가운데에 그리는 붉은 점.
- **예법(禮法)** : 예의로써 지켜야 할 규칙.
- **양반(兩班)** : 옛날에 지배층을 이루던 신분.
- **성년(成年)** : 어른이 되었다고 관습이나 법으로 인정받는 나이.
- **매장(埋葬)** : 죽은 사람이나 유골을 땅속에 묻음.
- **화장(火葬)** : 시체를 불에 태워서 재로 만듦.
- **부조(扶助)** : 잔칫집이나 상을 당한 집에 돈이나 물건을 보내어 도움. 또는 그런 돈이나 물건.
- **유교(儒敎)** : 삼강오륜을 덕목으로 하며 사서삼경을 경전으로 하는, 종교로서의 유학.

1. 다음과 관련된 것을 연결해 보시오.

관례 ·   · 제사

혼례 ·   · 장례식

상례 ·   · 성인식

제례 ·   · 결혼식

2. 앞의 글과 내용이 같으면 ○, 다르면 ×를 표시하시오.

① 부조는 짝수로 한다.   (   )

② 관례는 양반가의 남자들에게 행해졌던 의식이다.   (   )

③ 요즘 한국에서 장례식은 보통 5일 동안 치른다.   (   )

④ 한국의 관혼상제는 모두 불교 문화에 뿌리를 두고 있다.   (   )

3. 다음을 읽고 (   )에 들어갈 말을 각각 한 문장씩으로 쓰시오.

초대합니다.

저희 두 사람이 오랜 기다림 끝에 짝을 만나게 되었습니다.

여러분을 모시고 (   ).

바쁘시겠지만 오셔서 (   ).

4. 다음의 문장에 맞는 관용어를 찾아 넣으시오.

날을 잡다	국수(를) 먹다	콧대가 높다

- 우리는 지난 주말 부모님을 만나 (   )

- 올해 안에 남자친구가 생기면 (   ) 해 줄게.

- 우리 학과의 희선이는 원래 (   )

– 한국의 결혼식에서 가장 인상 깊은 것은 무엇인가요?

....

....

....

....

....

....

– 여러분은 어떤 결혼식을 하고 싶나요?

....

....

....

....

....

....

 – 여러분 나라의 결혼식 풍경은 어떤가요?

✤ 여러분만의 청첩장을 만들어 보시오.

예) 저희 두 사람이 행복한 삶을 시작하고자 합니다. 오셔서 축하해주시기 바랍니다.

○○○
○○○   의 ○○   ○○

○○○
○○○   의 ○○   ○○

• ____년 ____월 ____일 ____요일 ____시
• ____웨딩홀 ____층 _____홀

- 성년의 날에는 성년식이 열린다. 행사는 주로 향교, 대학교에서 열린다. 성년식을 통해 성인으로서의 자세를 생각하고 책임감을 가지게 된다.

- 장례는 거친 삼베로 만든 상복을 입고 문상 온 손님을 맞이한다. 과거에는 부모가 돌아가시면 자식들은 3년 동안 상복을 입고 부모의 묘소를 지키기도 했다.

- 제사는 후손들이 돌아가신 조상을 위해 정성을 들여 음식을 마련한 후 절을 올리고 축문을 읽는다. 주로 밤에 지낸다.

❖ 폐백, 이바지 음식

결혼식에는 음식 준비가 꽤 중요하다. 결혼식 당일에 쓸 폐백 음식과 이바지 음식은 모두 신부 측에서 준비한다.

폐백 음식 : 대추와 밤

신부가 시부모에게 폐백으로 올리는 대추와 밤. 굵고 좋은 대추와 밤을 붉은 실에 꿰어서 그릇 위에 둥글게 쌓아 올린다. 아이를 많이 낳으라는 의미가 있다.

이바지 음식

이바지 음식을 혼례 음식이라고 한다. 결혼을 전후하여 신부 집안에서 예를 갖추어 신랑 집안으로 정성 들여 만들어 보내는 음식이다.

5

돌잔치

💡 생각 펼치기

한국의 생일잔치에 초대받은 적이 있나요?

한국인은 어떤 방식으로 잔치를 할까요?

희선 : 너 주말에 뭐해?

송위 : 데이트 신청하는 거야?

희선 : <u>김칫국부터 마시지</u> 마. 우린 친구야.

송위 : 그럼 왜 물어보는 건데?

희선 : 우리 조카 돌잔치에 초대하려고.

송위 : 돌잔치가 뭔데?

희선 : 태어난 지 일 년을 축하하는 잔치야.

송위 : 그런 잔치도 해?

희선 : <u>눈에 넣어도 안 아픈데</u> 뭘 못하겠어? 놀러 와.

송위 : 가족끼리 하는 행사일 텐데 내가 가도 돼?

희선 : 돌잔치는 많은 사람이 축하해 주면 좋으니까 와도 돼.

송위 : 넌 참 좋겠어. 가족과 함께 사니까. 온 가족이 모이면 정말 행복하겠어.

희선 : 그렇지? 너도 마음만 먹으면 볼 수 있잖아.

송위 : 너처럼 직접 만나고 싶어.

희선 : 맞아. 아 참. 근데 너 오늘부터 굶어야 해. <u>상다리가 부러질 정도로</u> 음식이 많을 거거든.

송위 : 걱정하지 마. 난 음식 앞에선 언제나 자신 있거든.

✏️ 관용어 및 어휘

- 김칫국부터 마신다 : 아직 일어날지 안 일어날지 모르는 일인데 미리부터 다 된 일로 알고 행동한다.
- 눈에 넣어도 아프지 않다 : 매우 귀엽다.
- 상다리가 부러지다(휘어지다) : 상에 음식을 매우 많이 차려 놓다.

돌은 아기가 태어난 지 만 일 년이 된 날이다. 한국에서는 돌이 지나면 두 살이 된다. 엄마 뱃속에 있던 기간도 소중한 생명이라고 생각하기 때문이다. 생명을 존중하는 한국인의 사고를 엿볼 수 있다.

한국에서는 아기의 첫 번째 생일에 돌잔치를 한다. 아기가 일 년 동안 건강하게 자란 것에 감사하고 아기의 앞날을 축복해 주기 위한 자리이다.

돌잔치에서 가장 중요한 행사는 돌잡이이다. 돌잡이는 아기 앞에 놓은 물건 중 하나를 잡는 것으로 아기의 미래를 짐작해 본다는 의미가 있다.

돌잡이 용품은 다양한데, 한국의 인기 직업을 짐작해 볼 수 있다. 과거에는 건강하게 오래 살기를 바라는 실타래, 부자를 의미하는 곡식이나 돈, 공무원이 된다는 붓이나 책, 장수가 된다는 활 등을 상 위에 올려놓았다. 최근에는 돌잡이 용품이 의사를 뜻하는 청진기, 방송인을 뜻하는 마이크, 운동선수를 의미하는 골프공 등 다양해지고 있다.

돌잔치에 초대를 받게 되면 선물을 준비한다. 돌잔치 선물로는 금반지, 돈 등이다. 또한 돌잔치를 하는 부모는 손님들에게 장수를 의미하는 '백설기'나 '수수팥떡'을 선물한다.

돌잔치는 보통 뷔페에서 하지만 호텔 등에서 하는 초호화 돌잔치가 많아지고 있다. 생활수준이 높아지면서 내 아기에게 좋은 것만 해주고 싶은 부모의 마음이 크기 때문이다.

이와는 반대로 직계 가족들만 모여 하는 돌잔치도 큰 인기를 끌고 있다. 돌잔치의 방법은 다양해지고 있지만 아이의 행복을 비는 돌잔치는 변함없이 이어지고 있다.

• •

- **사고**(思考) : 어떤 것에 대하여 깊이 있게 생각함.
- **실타래** : 아주 긴 실을 쉽게 풀어 쓸 수 있도록 한데 뭉치거나 감아 놓은 것.
- **초호화**(超豪華) : 매우 사치스럽고 화려함.
- **직계**(直系) : 친자 관계에 의해 직접적으로 이어지는 친족 관계.

1. 다음과 관련된 것을 연결해 보시오.

연필 •　　　　　　　•　건강

돈/곡식 •　　　　　　•　공부

실타래 •　　　　　　•　방송인

마이크 •　　　　　　•　의사

청진기 •　　　　　　•　운동선수

골프공 •　　　　　　•　부자

2. 앞의 글과 내용이 같으면 ○, 다르면 ✕를 표시하시오.

① 돌잔치는 아이가 성인이 될 때까지 매년 한다. 　　　(　　)

② 흰 백설기는 '장수'의 의미를 가지고 있다. 　　　　(　　)

③ 한국에서는 돌잔치에 수수팥떡을 선물한다. 　　　　(　　)

④ 한국에서는 엄마 배 속에서 나온 나오자마자 한 살이 된다. 　(　　)

3. 다음을 읽고 (   )에 들어갈 말을 각각 한 문장씩으로 쓰시오.

> 초대합니다.
>
> 우리 서연이가 태어난 지 1년이 되었습니다.
>
> 많은 분들의 도움으로 행복하고 건강하게 컸습니다.
>
> 여러분을 모시고 (   )
>
> 그 날짜가 가능하신지 010-123-7890으로 (   )

4. 다음의 문장에 맞는 관용어를 찾아 넣으시오.

> 김칫국부터 마신다   눈에 넣어도 아프지 않다   상다리가 부러지다

- (   ) 말고 운동이나 열심히 해.

- 막내아들은 (   )

- 할머니는 송위에게 음식을 (   ) 차려 주셨다.

– 한국의 돌잔치에서 가장 인상 깊은 것은 무엇인가요?

– 돌잔치에 준비하고 싶은 물건이 있나요?

– 여러분 나라의 생일잔치는 어떤가요?

....

....

....

....

....

....

....

🔭 활동

❖ 여러분만의 돌상을 만들어 보시오.

돌상에 올리고 싶은 물건 3가지를 적어 볼까요?

....

....

....

이유는 무엇인가요?

....

....

....

❖ **한국의 나이대별 생일잔치**

한국은 돌잔치를 포함해 성대한 생일이 4차례 열린다. 이때는 가족과 친구와 함께 음식을 나눠 먹으며 행복한 시간을 보낸다. 주로 노년의 건강이나 행복을 비는 생일잔치라는 것이 특징이다.

● 회갑연(回甲宴): 환갑잔치, 예순한 살이 되는 해에 베푸는 생일잔치. 평균 수명이 늘어나면서 최근에는 하지 않는 분위기이다.

● 고희연(古稀宴): 칠순 잔치, 일흔 살이 되는 해에 베푸는 생일잔치. 평균 수명이 늘어나면서 최근에는 하지 않는 분위기이다.

● 산수연(傘壽宴): 팔순 잔치, 여든 살이 되는 해에 베푸는 생일잔치.

　돌상에는 백설기와 수수팥떡을 올린다. 백설기는 그 흰 색깔만큼이나 아기가 신성하고 정결하게 크기를 바라며 장수하라는 의미가 담겨 있다. 수수팥떡을 돌상에 올리는 것은 옛날부터 붉은 팥이 나쁜 기운을 물리쳐 준다고 믿었기 때문이다.

백설기

시루떡의 하나. 멥쌀가루를 켜를 얇게 잡아 켜마다 고물 대신 흰 종이를 깔고, 물 또는 설탕물을 내려서 시루에 안쳐 깨끗하게 쪄 낸다.

수수팥떡

수수 가루에 팥고물을 켜켜이 얹어 찐 시루떡.

6

광식이 동생 광태

생각 펼치기

여러분과 가장 친한 한국인의 이름은 무엇인가요?

가장 인상에 남는 한국 이름이 있나요?

희선 : 언니 이름은 김희진이야!

송위 : 그럼 동생 이름은 뭐야?

희선 : 김희미야.

송위 : 뭐야? 그럼 이름 한 자 씩만 다른 거야? 이름이 비슷해.

희선 : 어. 경주 김 씨니까 김희진, 김희선, 김희미. 진선미야. 참 진(眞), 착할 선(善), 아름다울 미(美). 넌 어디 송 씨야? 위는 무슨 위고?

송위 : 우린 그런 의미가 없어. 너희 아버지께선 이름 짓기가 귀찮으셨던 거 아니야?

희선 : 아니야. 우리 아버진 예쁜 이름을 짓고 싶어 하셨어. 돌림자 때문에 어쩔 수 없었어.

송위 : 돌림자?

희선 : 한 집안에서 각자의 서열을 알리기 위해 이름을 정하는 거야.

송위 : 한국에서는 서열이 아주 중요한 모양이야.

희선 : 그러니까 <u>찬물도 위아래가 있다</u>는 말이 있지.

송위 : 그런 말도 있어? 그래서 한국에서는 선배나 후배를 중요하게 생각하는구나.

희선 : 맞아. 그리고 이름에 가족의 명예가 걸려 있으니 <u>어깨가 무거워.</u>

송위 : 그러니까 내 이름에 부끄럽지 않게 살아야겠다는 생각도 하겠다.

희선 : 맞아. 게다가 <u>사람은 죽으면 이름을 남기고 호랑이는 죽으면 가죽을 남긴다</u>는 말이 있으니 더 잘 살아야겠어.

🖊 관용어 및 어휘

- **돌림자(돌림字)** : 가족이나 친족임을 나타내기 위해 이름에 똑같이 넣은 글자.
- **서열(序列)** : 가치나 지위의 높고 낮음에 따라 순서대로 늘어섬.
- **찬물도 위아래가 있다** : 어떤 일이건 순서가 있으니 그 순서를 지켜야 한다.
- **어깨가 무겁다** : 힘겹고 중대한 일을 맡아 책임감을 느끼고 마음의 부담이 크다.
- **사람은 죽으면 이름을 남기고 호랑이는 죽으면 가죽을 남긴다** : 인생에서 가장 중요한 것은 살아있을 때 보람 있는 일을 해서 후세에 명예를 얻는 것이다.

한국인의 이름에는 중요한 정보가 담겨 있다. 한국에서는 이름이 비슷하면 형제라고 생각하는 경우도 많다. 한국에서는 형제 혹은 자매들이 이름이 비슷하기 때문이다. '정민기, 정민서' 혹은 '오가영, 오채영' 이런 식이다. 이처럼 가족이나 친족임을 나타내기 위해 이름에 똑같이 넣는 글자를 돌림자라고 한다. 돌림자는 이름의 중간 글자일 수도 있고 마지막 글자일 수도 있다.

돌림자는 집안이나 세대마다 다르다. 예를 들면 이번 세대에서 '민'자를 돌림자로 썼다면 다음 세대에서는 '기'자를 돌림자로 쓰는 식이다. 그래서 아이가 태어났을 때 이름을 마음대로 지을 수 없다.

뿐만 아니라 한국에서는 이름을 통해 조상들이 살았던 곳을 알 수 있다. 그 정보는 내 이름 중 '성(姓)'에 담겨 있다. 성이 같은 '김 씨'이더라도 '김해 김 씨', '경주 김 씨' 등 김 씨 집안이 살았던 장소는 다르다. 조상들의 거주지가 본관이 되는 것이다. 한국에서는 본관을 매우 중요하게 생각한다. 본관을 모르면 가정 교육을 제대로 받지 못했다고 생각할 정도이다.

한국에서는 한 집안사람끼리의 결혼을 오랫동안 금지해 왔다. 성과 본관이 모두 것을 '동성동본(同姓同本)'이라고 한다. 동성동본의 결혼은 금지되었다가 2005년부터 허용되었다.

이렇듯 한국인의 이름에는 중요한 정보가 많이 담겨 있다. 최근에는 본관, 돌림자 등 자신의 뿌리가 담긴 이름의 의미를 모르는 젊은이들이 많아지고 있다. 대가족에서 핵가족으로 가족 문화가 바뀌고 있기 때문이다.

또한 아이를 한 명만 낳는 가정이 많아지다 보니 돌림자를 알 수 없는 경우가 많다. 뿐만 아니라 아이에게 개성 있는 이름을 지어주려는 부모들이 늘어나면서 돌림자를 쓰지 않는 경우가 많다.

- **세대**(世代) : 부모가 속한 시대와 그 자녀가 속한 시대의 차이인 약 30년 정도 되는 기간.
- **거주지**(居住地) : 머물러 살고 있는 장소.
- **본관**(本貫) : 한 집안의 성을 처음 쓰기 시작한 조상의 고향.
- **대가족**(大家族) : 식구가 많은 가족.
- **핵가족**(核家族) : 부부와 결혼하지 않은 자녀만으로 이루어진 가족.

1. 다음과 관련된 것을 연결해 보시오.

본관 ·　　　　　· 성(姓)과 본관이 모두 같음

동성동본 ·　　　　　· 가족이나 친족임을 나타내기 위해 이름에
　　　　　　　　　　　똑같이 넣는 글자

돌림자 ·　　　　　· 핵가족

현대 가족 문화 ·　　　　　· 시조가 태어난 곳

2. 앞의 글과 내용이 같으면 ○, 다르면 ×를 표시하시오.

① 돌림자는 반드시 이름의 마지막 글자여야 한다.　　　　　(　　　)

② 한국은 같은 집안 사람의 결혼을 오랫동안 금지해 왔다.　　(　　　)

③ 요즘 한국 젊은이들 중에서는 본관을 잘 모른다.　　　　　(　　　)

④ 동성동본의 결혼은 지금도 엄격히 금지되고 있다.　　　　　(　　　)

3. 다음을 읽고 ( )에 들어갈 말을 각각 한 문장씩으로 쓰시오.

알립니다.

제가 이번에 '하이얀'이라는 새로운 이름으로 바꾸었습니다.

이제부터는 제 이름을 새로운 이름으로 불러주시면 ( )

새로운 이름에 맞춰 하늘을 우러러 부끄러움 없는 삶을 ( )

4. 다음의 문장에 맞는 관용어를 찾아 넣으시오.

찬물도 위아래가 있다   어깨가 무겁다
사람은 죽으면 이름을 남기고 호랑이는 죽으면 가죽을 남긴다.

- ( ) 할머니께서 먼저 드세요.

- 김 교수님은 학생들과 해외 연수를 떠나게 돼 ( )

- ( )고 했으니까 열심히 연구를

하겠습니다.

– 한국의 이름은 어떤 느낌인가요?

....

....

....

....

....

....

– 한국에서 가장 인상적인 성이 있나요? 이유는 무엇인가요?

....

....

....

....

....

....

– 여러분 나라의 이름은 어떤 특징이 있나요?

....

....

....

....

....

....

....

👓 활동 I: 자신의 이름으로 삼행시를 지어 보시오.

예)

　　　이름 : 최현우

　　　　최 : 최현우라고 합니다.

　　　　현 : 현재 울산에 살고 있습니다.

　　　　우 : 우연처럼 만난 여러분과 더 좋은 추억을 쌓고 싶습니다.

　　이름 :

👓 활동 2: 한국식으로 이름을 지어 보시오.

　　　　　　　　　　　　　　의미

　　　성 :

　　이름 :

인구순위	본관	인구수	시조
1	김해 김(金)	4,456,700	김유신
2	밀양 박(朴)	3,103,942	경명왕 아들 박언침
3	전주 이(李)	2,631,643	이한
4	경주 김(金)	1,800,853	김알지
5	경주 이(李)	1,391,867	이알평
6	진주 강(姜)	968,109	강이식
7	경주 최(崔)	645,005	최치원
8	광산 김(金)	926,316	신무왕 아들 김흥광
9	파평 윤(尹)	770,932	윤신달
10	청주 한(韓)	752,689	한란
11	안동 권(權)	696,317	권행
12	인동 장(張)	666,652	장정필

한국의 본관 성씨. 2015. 통계청

한국인은 이름만 보면 나이를 알 수 있다. 시대별로 유행하는 이름이 있어서 가능한 일이다. '자'는 할머니들의 이름에 많다. 최근에는 '서'가 들어간 이름이 유행하고 있다.

	남성	여성
1940년대	영수	영자
1950년대	영수	영숙
1960년대	영수	미숙
1970년대	정훈	은주
1980년대	지훈	지혜
1990년대	지훈	유진
2000년대	민준	유진
2010년대	민준	서연

출처: 연합뉴스, 2016.5.9.

우리 이모? 이모님?

💡 생각 펼치기

식당에서 '이모'라고 불러본 적 있나요?

어떤 느낌이 들었나요?

이모 : 희선아, 잘 지냈어?

희선 : 안녕하세요? 이모님.

송위 : 너희 이모님이야?

희선 : 어? 그렇게 부르기는 하는데, 진짜 이모는 아니야.

송위 : 그럼 왜 그렇게 불러?

희선 : 그게 말이지……. 한국에서는 식당에서 일하시는 분을 이모, 고모, 언니, 누나라고 불러.

송위 : 친척도 아닌데도 그렇게 부르는 거야?

희선 : 정이 들면 남도 가족처럼 생각하고 살아서 그럴 거야. 그러니까 <u>이웃이 사촌보다 낫다</u>는 말이 있지.

송위 : 한국은 <u>피가 물보다 진하다</u>고 생각하는 나라잖아.

희선 : 그것도 맞고, 이것도 맞아. 참, 우리 엄마가 말이야.

송위 : 왜 너희 엄말 우리 엄마라고 하는 거야?

희선 : 그게 이상해?

송위 : 어. '우리'는 그런 뜻이 아니잖아. 너하고 난 엄마가 다르잖아.

희선 : 한국 사람은 다 그렇게 써.

송위 : 그렇구나. 어렵긴 하지만 한국 문화를 알 수 있어서 좋아.

희선 : 원래 <u>천 리 길도 한 걸음부터</u>라고 했어. 천천히 해 보자.

✎ 관용어 및 어휘

- 이웃이 사촌보다 낫다 : 가까이 사는 이웃끼리 서로 친하게 지내면 먼 곳에 사는 친척보다 더 정도 들고 관계도 더 좋을 수 있다.
- 피는 물보다 진하다 : 혈육의 정이 깊다.
- 천 리 길도 한 걸음부터 : 아무리 큰일도 처음에는 작은 일부터 시작되듯이 무슨 일이나 그 일의 시작이 중요하다.

한국은 가족 간의 호칭이 다양하다. 언니, 누나, 형, 삼촌, 숙모, 고모, 이모, 고모할머니, 당숙, 당숙모 등이다. 같은 촌수라도 외가나 친가, 서열 등에 따라서 호칭이 달라진다. 예를 들어 사촌도 친사촌과 외사촌으로 구분하며, (외)사촌형, (외)사촌누나, (외)사촌동생 등 서열에 따라서도 호칭이 달라진다.

한국에는 호칭이 세분화되어 있지만 요즘은 호칭의 사용이 많지는 않다. 한 가정의 출산율이 떨어지고 핵가족이 많아지면서 친척이 줄어들고 있기 때문이다.

한국은 가족을 중요하게 생각하는 나라이다. 그래서 피가 물보다 진하다는 말이 있을 정도이다.

그러면서도 남에게도 가족과 동일한 호칭을 사용한다는 특징을 가지고 있다. 학교 선배나 직장 동료 등에게도 형, 오빠, 누나, 언니와 같은 호칭을 많이 사용한다. 최근에서 가게나 식당의 직원에게도 이모, 삼촌, 언니라고 부른다.

한국인들은 '나'와 '너' 보다 '우리'가 더 익숙하고 편안하다고 느낀다. 우리 엄마, 우리 집이라고 한다. 실제로는 너와 나의 집이나 엄마가 아니지만 표현은 우리 집이라고 하는 것이다.

뿐만 아니라 이웃도 가족이라고 생각해 같은 동네에서 사는 사람을 이웃사촌이라고도 부른다. 서로 이웃에 살면서 정이 들면 사촌 형제처럼 가까운 이웃이라고 생각하는 것이다. 그래서 어려운 일이 있을 때 서로 도와주는 문화가 자연스럽게 형성돼 있다.

한국인은 '피'를 중요하게 생각하지만 '정'도 '피' 만큼 중요하게 생각한다고 볼 수 있다. 가족뿐만 아니라 모르는 사람들도 정이 들면 이모와 삼촌, 언니와 오빠, 동생들이 되는 것이다.

어려울 때 서로를 도와가면서 살아가는 한국은 거대한 하나의 가족 공동체이다. 이러한 문화적 현상은 한국인의 공동체 의식을 잘 보여준다고 할 수 있다.

● ● ·

- **호칭**(呼稱) : 이름 지어 부름. 또는 그 이름.
- **숙모**(叔母) : 아버지 동생의 아내.
- **고모**(姑母) : 아버지의 누나나 여동생.
- **당숙**(堂叔) : 아버지의 사촌 형제.
- **당숙모**(堂叔母) : 아버지의 사촌 형제의 아내.
- **촌수**(寸數) : 친척 사이의 멀고 가까운 정도를 나타내는 수. 또는 그런 관계.
- **외가**(外家) : 어머니의 친정.
- **친가**(親家) : 아버지 쪽 집안.
- **세분화**(細分化) : 여럿으로 자세히 나누어짐. 또는 그렇게 되게 함.
- **익숙하다** : 어떤 일을 여러 번 하여 서투르지 않다.
- **공동체**(共同體) : 같은 이념 또는 목적을 가지고 있는 집단.

1. 다음과 관련된 것을 연결해 보시오.

이모 •　　　• 아버지의 여자 형제

숙모 •　　　• 어머니의 여자 형제

고모 •　　　• 아버지 친형제의 아들이나 딸

사촌 •　　　• 삼촌의 아내

2. 앞의 글과 같으면 ○, 다르면 ×를 표시하시오.

① 한국은 '우리'보다 '나'가 익숙하다.　　　　　　(　　)

② 한국의 호칭은 아주 세분화되어 있다.　　　　　(　　)

③ 한국의 호칭은 가족과 남을 엄격히 구분하고 있다.　(　　)

④ 한국에서는 외가, 친가, 서열 등에 따라 호칭이 달라진다.　(　　)

3. 다음을 읽고 ( )에 들어갈 말을 각각 한 문장씩으로 쓰시오.

> 문자 메시지
>
> 안녕하세요? 이모님. 저희 식당 직원의 단합대회를 열고자 합니다.
> 이번 주 금요일에 시간이 (   )
> 여러 가지 게임과 상품, 음식이 준비되어 있으니 꼭 와 주시기 바랍니다.
> 혹시 참석이 어려우면 (   ). 저희 식당은
> 02-123-4567입니다.

4. 다음의 문장에 맞는 관용어를 찾아 넣으시오.

> 이웃이 사촌보다 낫다   피는 물보다 진하다   천 리 길도 한 걸음부터

- 농촌에서는 (   )고 생각하는 사람이 많다.
- 한국에서는 (   )고 생각한다.
- (   )라는 말처럼 꾸준히 공부할 것이다.

– 이모라는 호칭을 써 본 적이 있나요?

....
....
....
....
....
....

– 한국에서 우리집이나 우리 엄마라는 말을 들어본 적 있나요?

....
....
....
....
....
....

– 여러분 나라에서는 가족이 아닌 사람을 어떻게 부르나요?

❖ 여러분의 가계도를 그려 보시오.

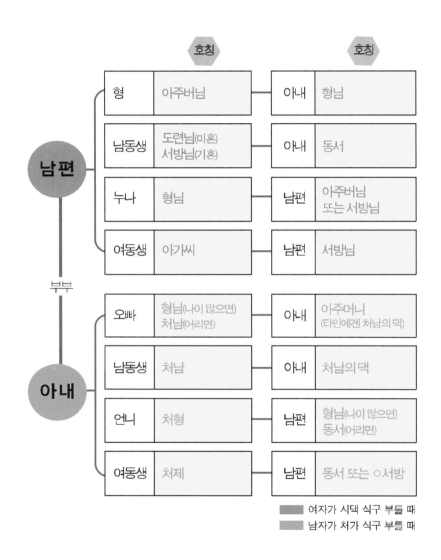

	호칭			호칭
형	아주버님		아내	형님
남동생	도련님(미혼) 서방님(기혼)		아내	동서
누나	형님		남편	아주버님 또는 서방님
여동생	아가씨		남편	서방님
오빠	형님(나이 많으면) 처남(어리면)		아내	아주머니 (타인에겐 처남의 댁)
남동생	처남		아내	처남의댁
언니	처형		남편	형님(나이 많으면) 동서(어리면)
여동생	처제		남편	동서 또는 ○서방

남편 · 부부 · 아내

■ 여자가 시댁 식구 부를 때
■ 남자가 처가 식구 부를 때

❖ 한국 영화 소개

우리형, 원빈, 신하균 주연, 2004년 개봉

이웃사촌, 정우, 오달수 주연, 2020년 개봉

8

식사하셨어요?

생각 펼치기

> 한국의 인사말은 어떤 느낌인가요?
>
> 특별히 기억나는 인사말이 있나요?

김교수 : 희선이랑 송위는 밥 먹었니?

희선 : 네. 정말 오랜만에 <u>밥 구경</u>했어요. 송위도 마찬가지고요.

김교수 : 밥이 약보다 나으니까 잘 챙겨먹어야 해.

송위 : 감사합니다. 저 정말 감동받았어요.

희선 : 너 교수님이 밥 먹었냐고 물어봐서 그런 거야?

김교수 : 송위가 또 <u>진땀을 흘리게</u> 하네.

송위 : 진심으로 생각해 주신 것 같아서 감동한 건데요.

희선 : 진심인 것 맞아. 그러면서 인사이기도 한 거지.

김교수 : 희선이 네가 이야기해 줘. 난 간다.

희선 : 안녕히 가세요. 송위 너는 인사를 그렇게 들으면 어떡해.

송위 : 밥 먹었냐는 말이 인사말이라고?

희선 : 한국에서는 '식사하셨어요?'가 '안녕하세요?'와 같은 인사야.

송위 : 아. 그렇구나. 오늘 해 준 이야기는 <u>가슴에 새길게</u>.

🖉 관용어 및 어휘

- 밥 구경을 하다 : 오래간만에 밥을 먹다.
- 진땀을 흘리다 : 어려운 일이나 난처한 일을 당해서 몹시 애를 쓰다.
- 가슴에 새기다 : 단단히 기억해 두다.

한국은 오래 전부터 '동방예의지국'이라고 불렸다. 누군가를 만났을 때 인사를 잘하는 나라였기 때문이다. 한국에서 '인사'는 상대방의 안부를 묻는 것 이상의 의미를 지닌다. 그래서 한국에서 인사를 잘하는 것은 매우 중요하다. 인사말이 다양한 것은 예의를 중요하게 생각하기 때문이다.

한국의 가장 기본적인 인사 예절은 고개를 숙이는 것이다. 반드시 고개와 상체를 함께 숙이며 인사를 해야 한다. 앉아 있다가 어른을 만나면 일어나서 고개를 숙여야 한다. 손을 흔들거나 고개만 숙이는 것은 예의가 아니다.

이 때 인사말을 함께 해야 한다. 이 인사말은 '밥'과 관련된 경우가 많다. "식사하셨습니까?", "밥 먹었니?", "밥 먹으러 가?", "언제 한번 밥 먹자." 등이다. 이것은 "안녕?", "다음에 봐."라는 말의 한국식 표현이다.

이때 주의할 일이 있다. 인사말을 할 대상이 어른이라면 예의를 갖춰 표현해야 한다. 어른께 물을 때는 "진지 드셨습니까?" 혹은 "진지 잡수셨습니까?"라는 존댓말을 사용해야 한다.

가족과 같은 말인 식구(食口)는 '밥 먹는 입' 즉 함께 밥 먹는 사람을 뜻한다. 가족은 매일 함께 밥을 먹는 사람들이기 때문이다. 이때 한국인이 중요하게 생각하는 '밥상머리 예절'이 있다.

이는 온 가족이 함께 밥을 먹는 자리에서 이루어지는 인성이나 예절 등의 교육을 말한다. 아이의 인성, 지능뿐만 아니라 가족의 유대감까지 커진다고 생각한다.

세상 모든 사람에게 '먹는' 일은 중요하지만 한국은 함께 먹으면서 생기는 정을 중요하게 생각한다. 그래서 함께 밥을 먹고 술을 마시면 친해질 수 있다고 여긴다. 이렇듯 먹는 것으로 상징되는 '정'이 인사말에도 남아 있다고 볼 수 있다.

● ● ●

- **동방예의지국**(東方禮儀之國) : (옛날에) 동쪽에 있는 예의를 잘 지키는 나라라는 뜻으로, 중국이 한국을 이르던 말.
- **안부**(安否) : 어떤 사람이 편안하게 잘 지내는지에 대한 소식. 또는 인사로 그것을 전하거나 묻는 일.
- **상체**(上體) : 사람의 몸이나 물체의 윗부분.
- **숙이다** : 머리나 몸을 앞으로 기울어지게 하다.
- **진지** : (높임말로) 밥.
- **식구**(食口) : 한집에서 함께 사는 사람.

1. 다음과 관련된 것을 연결해 보시오.

한국 •   • 밥 먹는 입

식구 •   • 동방예의지국

식사 •   • 예의, 인성 향상

밥상머리 교육 •   • 진지

2. 앞의 글과 내용이 같으면 ○, 다르면 ×를 표시하시오.

① 한국의 기본적인 인사 예절은 손을 흔드는 것이다.   (   )

② '가족'은 함께 밥을 먹는 사람을 뜻하는 '식구'와 같은 말이다.   (   )

③ 앉아 있다가 어른을 만나면 일어나서 고개를 숙여 인사한다.   (   )

④ 한국인은 '안녕하세요.'라고 한 후 '밥 먹었어요?'라고 한다.   (   )

3. 다음을 읽고 ( )에 들어갈 말을 각각 한 문장씩으로 쓰시오.

문자 메시지

3학년 〈문화 수업〉을 듣는 학생들에게 알릴게.

김 교수님이 오늘 점심을 사 주신대.

메뉴는 콩나물 해장국이래. 시간은 12시까지니까 ( )

시간이 되는 사람은 신청할 필요 없이 인문관 1층 로비로 ( )

4. 다음의 문장에 맞는 관용어를 찾아 넣으시오.

밥 구경을 하다   진땀을 흘리다   가슴에 새기다

• 어렸을 때 가난해서 ( ) 못했던 적이 많았다.

• 송위는 변명을 하느라 ( )

• 나는 선생님의 말씀을 ( )

– 한국의 인사말 중에서 가장 인상적이었던 것은 무엇인가요?

....

....

....

....

....

....

– 여러분이 가장 많이 쓰는 인사말은 무엇인가요?

....

....

....

....

....

....

- 여러분 나라에서 인상적인 인사말은 무엇인가요?

✤ '밥'으로 시작하는 말과 끝나는 말을 찾아주시오.

  (1) '밥'으로 시작한 말 (예) 밥도둑 등

  (2) '밥으로 끝나는 말 (예) 더운밥 등

❖ 밥과 관련한 관용어 · 속담

- 밥(을) 주다

  시계가 정상적으로 작동하도록 태엽을 감아준다는 말.

- 밥 구경(을) 하다

  오래간만에 밥을 먹다.

- 밥 구경을 못하다

  밥을 전혀 먹지 못하고 굶는다는 말.

- 밥 먹듯 하다

  예사로 자주 한다는 말.

- 밥 먹을 때는 개도 안 건드린다.

  아무리 하찮은 짐승일지라도 밥을 먹을 때에는 때리지 않는다는 뜻으로, 음식을 먹고 있을 때에는 아무리 잘못한 것이 있더라도 때리거나 꾸짖지 말아야 한다는 말.

- 밥 안 먹어도 배부르다

  기쁜 일이 생겨서 마음이 매우 흡족하다는 말.

❖ 공깃밥

   한국의 식당에는 특이한 밥이 있다. 바로 공깃밥이다. 이때 공기는 공기(空器)에 해당하는 명사이다. 공기라는 말은 한국에서 잘 쓰지 않지만 밥을 만나면 일상에서 쉽게 만날 수 있다. 단돈 천 원이면 먹을 수 있을 만큼 가격도 저렴하다.

무궁화 삼천리 금수강산

💡 생각 펼치기

한국에서 가장 인상 깊은 지역은 어디인가요?

가장 가고 싶은 지역이 있나요?

희선 : 울산은 엄청 멀어. 울산까지 가려면 버스로 4시간이나 가야 해.

송위 : 그게 뭐가 멀어? 넘어지면 코 닿을 데이구면.

희선 : 그게 가깝다고? 너희 집에서 북경까진 얼마나 걸려?

송위 : 교통수단에 따라 차이가 커.

희선 : 버스를 타고 가면 얼마나 걸려?

송위 : 버스 타고 11시간?

희선 : 엄청 멀구나. 한번 가려면 정말 힘들겠다.

송위 : 그래서 나 아직 한 번도 안 가 봤어.

희선 : 중국 사람이 북경을 한 번도 안 가 봤다고? 북경은 <u>그림의 떡</u>이었네.

송위 : 맞아. 완전 <u>우물 안 개구리</u>로 살다가 한국으로 유학 온 거야. 한국의 다른 도시 이야기도 해 줘 봐.

희선 : 6개의 광역시가 있어.

송위 : 그 정도는 알아. 부산, 울산, 인천, 대구, 대전, 광주. 인천은 인천공항 있는 데잖아.

희선 : 맞아. 그 도시들이 어떤 곳인지 궁금하지 않아? 도서관 가서 찾아보자.

🖊 관용어 및 어휘

- **넘어지면 코 닿을 데** : 매우 가까운 거리.
- **그림의 떡** : 마음에 들어도 실제로 쓸 수 없거나 가질 수 없는 것.
- **우물 안 개구리** : 넓은 세상을 알지 못하거나 보는 눈이 좁아서 자기만 잘난 줄 아는 사람.

한국은 아름다운 자연환경을 가진 나라이다. 그래서 무궁화 삼천리 금수강산이라고 한다. 또 팔도강산이라고도 한다. 행정 구역 때문이다. 행정구역은 특별시(特別市)·광역시(廣域市)·도(道)·시(市)·군(郡)·구(區)·읍(邑)·면(面)·동(洞)·리(里)로 나누어진다. 도는 강원도, 경기도, 충청남북도, 경상남북도, 전라남북도 8개이다. 그 외 제주도는 특별자치도(特別自治道)로 불린다.

시는 특별시, 광역시, 시로 구분된다. 서울특별시와 6개의 광역시(인천, 대전, 대구, 광주, 울산, 부산)가 있다.

먼저 서울은 한국의 수도이다. 서울은 한국 최고의 도시로 정치, 경제, 문화의 중심지이다.

경기도는 서해와 충청도, 강원도와 가까우며 바다, 강, 산, 평야가 있어 여행할 곳이 많다. 인천은 한국 제2의 항구도시이자 한국의 관문인 인천공항이 있다.

강원도는 설악산, 오대산, 금강산 등 아름다운 산이 많으며 한국에서 가장 추운 지역이기도 하다. 그로 인해 스키 등의 겨울 스포츠가 발달한 지역이다.

충청도에는 대전과 세종이 있다. 대전은 한국 교통의 중심지이다. 또한 세종은 2012년 국토의 균형 있는 발전을 위해 만들어진 도시이다.

경상도에는 부산, 대구, 울산 등 광역시가 가장 많다. 부산광역시는 한국 제2의 수도이자 제1의 항구도시이다. 해운대 해수욕장은 유명 휴양지이다.

대구는 날씨와 교육열로 유명한 도시이다. 분지 지형으로 덥고 춥기로 유명할 뿐만 아니라 높은 교육열로 교육도시로 불린다. 또 사과, 섬유 산업의 중심지이다. 울산은 한국의 대표적인 산업 도시이다. 또한 옛날에 고래가 많이 잡혔던 지역으로 고래박물관, 고래 축제 등이 열린다.

한반도 행정 지도

전라도는 김제평야 등 넓은 평야가 있는 지역이다. 전라도는 예술과 음식 문화가 발달해 '맛'과 '멋'의 고장이라고 한다. 광주는 대표적인 교육도시일 뿐만 아니라 한국의 민주화를 이끌어 낸 지역이다.

마지막으로 제주도는 한국의 대표 관광지이다. 한라산과 용암동굴은 세계문화유산으로 지정되어 있다. 제주도는 돌, 여자, 바람이 많고, 거지, 도둑, 대문이 없는 것으로 유명하다.

- **관문**(關門) : 어떤 곳에 가려면 반드시 지나야만 하는 부분이나 장소
- **국토**(國土) : 한 나라의 주권이 미치는 땅.
- **항구도시**(港口都市) : 항구가 있는 바닷가 도시.
- **분지**(盆地) : 주위가 더 높은 지형으로 둘러싸인 평지.
- **민주화**(民主化) : 민주주의 이념에 따르게 되거나 민주적인 것으로 바뀌는 것. 또는 그렇게 되게 하는 것.

1. 다음과 관련된 것을 연결해 보시오.

인천   •   •   산업도시

대구   •   •   제2의 항구 도시

광주   •   •   맛과 문화의 도시

부산   •   •   교통의 중심지

대전   •   •   휴양, 제1의 항구 도시

울산   •   •   교육, 섬유 산업 도시

2. 앞의 글과 내용이 같으면 ○, 다르면 ×를 표시하시오.

① 한국은 7도로 나누어진다.   (   )

② 인천시는 한국 제2의 항구도시이다.   (   )

③ 한국의 광역시는 인천, 대구, 광주, 마산, 부산이다.   (   )

④ 세종시는 국토의 균형 있는 발전을 위해 만들어졌다.   (   )

3. 다음을 읽고 (   )에 들어갈 말을 각각 한 문장씩으로 쓰시오.

〈비행기 노선 신설 안내〉

제주항공이 10월부터 울산에서 제주로 가는 비행기

노선을 (   )

제주항공은 매일 2차례 제주와 울산을 운항하기로 했습니다.

매주 화, 목, 토요일 주 3회 운항되니 (   )

4. 다음의 문장에 맞는 관용어를 찾아 넣으시오.

넘어지면 코 닿을 데   우물 안 개구리   그림의 떡

● 희선이는 학교에서 (   ) 살지만 지각을 자주 한다.

● 유럽 배낭여행을 다녀오면 (   ) 신세를 벗어날 거야.

● 신형 스마트폰은 비싸서 나한테는 (   )이다.

– 한국의 도시 중에서 가장 가 보고 싶은 도시와 이유는 무엇인가요?

– 한국의 도시는 어떤 느낌인가요?

– 여러분 나라에서 자랑하고 싶은 도시는 어디인가요?

❖ 아래의 주소로 택배를 보내 보시오.

〈받는 분 : 서울특별시 영등포구 여의도동 1번지〉

보내는 분

☎
□ □ □ □ □

받는 분

☎
□ □ □ □ □

❖ 한국의 산과 강

산(1,000m 이상)

한라산 : 제주도, 백록담, 높이는 1,950m.

지리산 : 전라북도 남원, 구례와 경상남도 함양, 산청, 하동, 높이는 1,915m, 최
초의 국립공원.

설악산 : 강원도 속초, 양양, 인제, 높이는 1,708m.

덕유산 : 전라북도 무주와 경상남도 거창, 높이는 1,614m.

강

한강(漢江) : 중부를 흐르는 강. 태백산맥에서 시작하여 서해로 흘러든다. 길이
는 494.44km.

낙동강(洛東江) : 영남 지방 전역을 유역권으로 하며, 태백산의 못 황지(黃池)를
원류로 하여 남해로 흐르는 강. 506.17km.

섬진강(蟾津江) : 전라북도 진안군에서 시작하여 전라남도를 거쳐 경상남도 하
동을 지나 남해로 흘러 들어가는 강. 길이는 223.86km.

금강(錦江) : 충청남도와 전라북도의 경계를 이루는 강. 길이는 397.79km.

영산강(榮山江) : 전라남도 서남부에 있는 강. 길이는 136.66km.

☕ 쉬어가기

❖ 지역별 전화 번호

한국은 지역별로 전화번호가 다르다. 한국에서 전화를 할 때에는 지역번호, 국번, 번호를 눌러야 한다. 유선 전화로 전화를 하면 그 지역 사투리를 들을 수 있다.

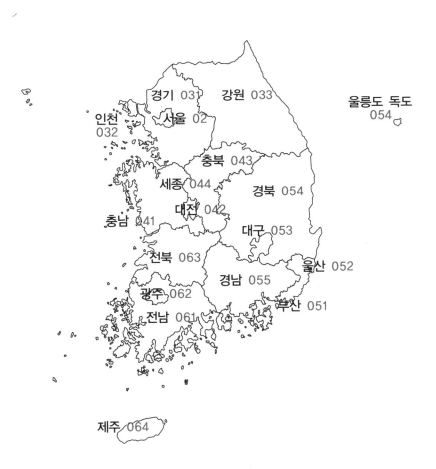

뭐라카노!

💡 생각 펼치기

한국의 사투리를 들어본 적이 있나요?

어떤 느낌이었나요?

희선 : 할머니, 친구를 소개할게요.

송위 : 안녕하세요? 저는 희선이 친구 송위입니다.

할머니 : 중국서 왔다 캤나? 먼 데서 오느라 욕봤겠네.

송위 : 예?

희선 : 할머니 중국 사람한테 그렇게 이야기하면 어떡해요?

할머니 : 그럼 우째 이바구하노?

희선 : 표준어로 이야기하셔야죠.

할머니 : 표준어는 몰라서 못 쓰지. 정구지찌짐 해 놨으니까 입맛에 안 맞아도 묵어 봐래이.

희선 : 할머닌 <u>손도 크셔</u>. 힘들지 않으셨어요?

할머니 : 이 정도는 <u>식은 죽 먹기</u>다. 막걸리도 한잔 할끼가?

희선 : 좋아요. 송위는 정구지전에 막걸리 먹는 걸 엄청 좋아해요. 아까부터 <u>눈독 들이고</u> 있더라고요.

할머니 : 잘 됐네. 마이 먹으래이.

송위 : 아. 부추전이 정구지야? 근데 왜 그렇게 불러?

희선 : 경상도말로 부추가 정구지야.

송위 : 정구지? 재밌네. 한국말도 지역마다 달라?

희선 : 그럼 경상도말, 전라도말, 충청도말, 강원도말, 그리고 네가 배우고 있는 표준어는 서울말. 아참, 제주도도 있어.

송위 : 제주도도 사투리가 있어?

희선 : 당연하지. 제주도 말은 많이 달라서 한국 사람들도 잘 몰라. 정구지찌짐 먹으면서 이야기 해 볼래?

✎ **관용어 및 어휘**

- **손이 크다** : ① 씀씀이가 후하고 크다. ② 수단이 좋고 많다.
- **식은 죽 먹기** : 아주 쉽게 할 수 있는 일.
- **눈독(을) 들이다** : 욕심이 나서 매우 관심 있게 보다.

한국의 표준어는 '교양 있는 사람들이 두루 쓰는 현대 서울말'이다. 서울을 제외한 지역의 말은 사투리라고 불린다. 서울에서 멀리 떨어진 지역일수록 사투리를 많이 쓴다.

대표적인 지역이 전라도, 경상도, 강원도, 제주도이다. 이들 지역에서는 '가위'를 가시개, 가세 등 다양한 사투리로 말하기도 한다.

비교적 서울과 가까운 충청도는 억양으로 보면 표준어와 큰 차이는 없다. 하지만 말이 '~유'나 '~여'로 끝나는 점, 표준어보다 느리다는 점은 차이점이다.

전라도와 경상도 사투리는 영화나 드라마에서 많이 등장한다. 전라도 사투리는 '~라.'나 '~잉.'으로 끝나는 말이 많다. 경상도 사투리는 '~나'나 '~노'로 끝나고 억양의 변화가 크다.

강원도 사투리는 '먹아(먹어)'처럼 '어'를 '아'로 발음하는 경우가 많다. 그리고 '밥 먹었드래요?'처럼 '~드래요'로 끝난다.

마지막으로 제주도 사투리는 '~꽈?'로 끝나는 말이 많고 '아'를 '오'로 발음하는 경우가 많다. 제주도 사투리인 '똘래미는 갔수꽈?'는 '딸은 갔어요?'라는 뜻이

다. 제주도 사투리는 한국 사투리 중에서 제일 알아듣기 어렵다.

이렇듯 지역마다 특색 있는 사투리가 있다. 최근에는 텔레비전과 인터넷의 발달로 표준어가 익숙해지면서 각 지역의 사투리가 사라지고 있다.

- **억양**(抑揚) : 말소리의 높낮이를 변하게 함. 또는 그런 변화.
- **특색**(特色) : 보통의 것과 차이가 나게 다른 점.

1. 다음과 관련된 것을 연결해 보시오.

표준어	사투리	지역
먹어. •	• 굴러가유. •	• 전라도
이러지 마시오. •	• 가가 가가? •	• 경상도
굴러가요. •	• 먹아. •	• 충청도
그 아이가 그 아이인가? •	• 이러지 말랑께잉. •	• 강원도

2. 앞의 글과 내용이 같으면 ○, 다르면 ×를 표시하시오.

① 한국은 '시' 단위로 6개의 사투리가 있다. (　　　)

② 경기도 말과 서울말은 큰 차이가 없다. (　　　)

③ 경상도 사투리는 억양의 변화가 심하다. (　　　)

④ 제주도 사투리는 가장 알아듣기 쉽다. (　　　)

3. 다음을 읽고 (   )에 들어갈 말을 각각 한 문장씩으로 쓰시오.

<외국인 팔도 사투리 경연대회 안내>
우리 시에서는 한글날을 맞이해 '외국인 팔도 사투리 경연대회'를
(   ) 신청 일시는 2021년 9월 20일까지이니 신청을 원하시
는 외국인은 (   )

4. 다음의 문장에 맞는 관용어를 찾아 넣으시오.

손이 크다	식은 죽 먹기	눈독을 들이다

- 어머니는 (   ) 김장을 200포기나 하셨다.

- 저 자전거는 내가 타려고 하니까 (   ) 마.

- 기계공학과 학생이 냉장고를 고치는 것은 (   )이다.

– 한국의 사투리 중에서 가장 인상적인 사투리는 무엇인가요?

....

....

....

....

....

....

– 한국에서 사투리 때문에 생긴 재미있는 일이 있었나요?

....

....

....

....

....

....

– 여러분 나라의 사투리는 어떤 특징이 있나요?

활동

❖ 친구에게 경상도 사투리로 문자를 보내시오.

< 새 문자 메시지

받는사람 +

✤ 한국 영화 속 지역별 사투리

(1) 영화 〈친구〉 속 경상도 사투리

동수 : 내가 니 시다바리가?

준석 : 마이 쿳네. 동수.

동수 : 고마해라. 마이 무으따 아이가?

(2) 영화 〈황산벌〉 속 전라도 사투리

의자왕 : (계백에게) 계백아, 니가 거시기혀야 쓰겄다.

계백 : (병사들에게) 니들 나랑 거시기혀야 쓰겄다.

계백 : 머시기헐 때꺼정 갑옷을 거시기헌다.

(3) 영화 〈웰컴 투 동말골〉 속 강원도 사투리

여일 : 뱀이가 깨물믄 마이 아파.

여일 : (총에 배를 맞아 죽어가면서) 여가 뜨거와. 마이 아파.

(4) 영화 〈거북이 달린다〉 속 충청도 사투리

담임 : 바쁘시쥬?

필성 : 네.

담임 : 알쥬. 그만 가봐야겄네유.

'단디'는 확실하게 잘하라는 뜻의 경상도 사투리이다. 은행의 신용 카드 이름으로 사용되고 있다.

'아따매'는 놀라움이나 기쁨, 아쉬움 등을 표현할 때 사용하는 전라도 사투리이다. 한 은행의 대출 상품 이름으로 사용되고 있다.

'타슈'는 '타세요'라는 뜻의 충청도 사투리이다. 대전시에서 운영하는 자전거의 이름으로 사용되고 있다.

11

한국 돈

💡 생각 펼치기

한국 돈은 사용하기가 편한가요?

사용하면서 헷갈린 적은 없었나요?

송위 : 이번 학기 교재를 사려면 얼마나 필요해?

희선 : 책값은 55,500원이야.

송위 : 그렇게 비싸? <u>바가지를 씌우는</u> 거 아니야?

희선 : <u>허리띠를 졸라매더라도</u> 수업 교재는 꼭 사야 해.

송위 : 잠깐만. 돈이 얼마나 있는지 지갑 볼게.

희선 : 신사임당 한 장에, 이이, 학을 줘. 오만 오천 오백 원.

송위 : 어? 돈 달라면서 그건 뭐야?

희선 : 너 한국 돈에 새겨진 사람 몰라?

송위 : 잠깐 오만 원에 그려진 사람은 여잔데?

희선 : 아! 그 분은 신사임당이야.

송위 : 훌륭한 사람인가 봐.

희선 : <u>두말하면 잔소리지</u>. 한국의 대표적인 현모양처야.

송위 : 현모양처?

희선 : 좋은 엄마이면서 아내라는 거지. 오천 원 권에 실린 이이의 어머니이시기도 해.

송위 : 어머니랑 아들이 모두 그렇게 훌륭하다는 거야? 대단한 집안이네.

희선 : 그렇지. 나도 신사임당처럼 훌륭한 현모양처가 될 거야.

송위 : 그래 기대해볼게.

✎ 관용어 및 어휘

- **바가지를 씌우다** : 요금이나 물건 값을 제값보다 비싸게 주어 손해를 보게 하다.
- **허리띠를 졸라매다** : ① 검소한 생활을 하다. ② 마음먹은 일을 이루려고 새로운 결의와 단단한 각오로 일에 임하다.
- **두말하면 잔소리** : 이미 말한 내용이 틀림없으므로 더 말할 필요가 없음을 강조하여 이르는 말.
- **현모양처** : 마음이 너그럽고 슬기로운 어머니이면서 착한 아내.

한국 화폐 단위는 '원'이다. 한국 돈은 크게 동전과 지폐로 나뉜다. 동전은 총 4가지로 십 원, 오십 원, 백 원, 오백 원 등이 있다. 지폐 역시 4가지인데, 천 원, 오천 원, 만 원, 오만 원이 있다. 한국의 화폐에는 한국을 대표하는 인물과 상징물이 그려져 있다.

동전과 지폐 모두 앞, 뒷면에 새겨진 그림이 다르다. 십 원, 오십 원, 백 원, 오백 원의 뒷면에는 각 돈의 액수만큼 숫자가 쓰여 있다. 앞면에는 각각 다보탑, 벼 이삭, 이순신 장군, 학이 그려져 있다. 다보탑은 경주 불국사에 있는 돌탑이다. 오십 원 동전에는 쌀을 생산하는 식물인 벼 이삭이 새겨졌다.

백 원에 새겨진 이순신 장군은 임진왜란 때 일본군을 크게 물리친 인물이다. 그는 세종대왕과 함께 한국인이 가장 존경하는 위인이다. 이순신은 지폐 속 인물로는 유일하게 장군인 것이 특징이다.

오백 원 동전의 앞면에는 학이 날개를 펼치고 날아가는 모습이 그려져 있다. 한국에서 학은 신선이 타고 다니는 신비한 동물로 생각된다.

천 원 권 지폐 앞면에 그려진 인물은 퇴계 이황이며, 오천 원 권에는 율곡 이이가 그려져 있다. 퇴계 이황과 율곡 이이는 한국을 대표하는 성리학자이며 선비이다.

만 원 권에는 한국에서 가장 위대한 왕인 세종대왕이 그려져 있다. 세종대왕이 '훈민정음'을 창제하여 한국 고유 문자를 가지게 되었다.

　마지막으로 오만 원 권 지폐에는 신사임당이 있다. 한국 화폐에 등장하는 인물 중 유일한 여성 인물이다. 신사임당은 율곡 이이의 어머니로 현모양처의 상징이다. 뿐만 아니라 <초충도> 등의 작품을 남긴 화가로 유명하다.

　이처럼 한국의 화폐에는 다양한 분야에서 훌륭한 업적을 남긴 인물들이 담겨 있다. 뿐만 아니라 한국의 동물과 식물, 유적 등의 중요한 정보가 담겨 있다.

● ● ●

- **지폐**(紙幣) : 종이로 만든 돈.
- **액수**(額數) : 돈의 값을 나타내는 수.
- **이삭** : 벼나 보리 등의 곡식에서, 꽃이 피고 열매가 열리는 부분.
- **신선**(神仙) : 현실 세계를 떠나 도를 닦으며 사는, 신기한 능력을 가지고 있다는 상상의 사람.
- **성리학**(性理學) : 중국 송나라 때 시작되어 조선 시대에 크게 유행했던, 우주의 이치와 물질의 바탕을 기본으로 하는 학설.
- **업적**(業績) : 사업이나 연구 등에서 노력과 수고를 들여 이룩해 놓은 결과.

1. 다음과 관련된 것을 연결해 보시오.

오천원 •　　　　　• 이순신

만원 •　　　　　• 이이

오만원 •　　　　　• 이황

천원 •　　　　　• 신사임당

백원 •　　　　　• 세종대왕

2. 앞의 글과 내용이 같으면 ○, 다르면 ✕를 표시하시오.

① 만원 지폐에는 율곡 이이가 그려져 있다.　　　　　(　　　)

② 50원 동전에는 밀 그림이 새겨져 있다.　　　　　(　　　)

③ 이순신 장군은 지폐 속 인물 중 유일한 장군이다.　　　(　　　)

④ 이이와 신사임당은 가족이다.　　　　　(　　　)

3. 다음을 읽고 (   )에 들어갈 말을 각각 한 문장씩으로 쓰시오.

〈오 만 원 권 발행 시작 안내〉

한국은행은 2009년 6월 23일, 오전 8시 30분에 오만 원 권의 발행을 (   ) 화폐의 인물은 신사임당으로 선정되었습니다.

오만원권 발행에 많은 관심을 (   )

4. 다음의 문장에 맞는 관용어를 찾아 넣으시오.

| 바가지를 씌우다 | 허리띠를 졸라매다 | 두말하면 잔소리 |

- 휴가철 해수욕장에는 (   ) 가게가 많다.
- 송위는 (   ) 서울로 가는 비행기 표를 샀다.
- 한국이 좋은 나라라는 것은 (   )다.

– 한국의 화폐 인물 중 가장 인상 깊은 인물은 누구인가요? 이유는 무엇인가요?

....

....

....

....

....

....

– 한국 화폐는 어떤 특징이 있는 것 같나요?

....

....

....

....

....

....

– 여러분 나라의 화폐에는 어떤 인물이 그려져 있나요?

❖ 새로운 인물을 선정해 10만 원 권을 만들어보시오.

10만원 권

    인물 :

    이유 :

    그림

　　한국에서는 물건을 사고 팔 때 현금보다 카드를 더 많이 사용한다. 이 때 카드는 크게 체크카드와 신용카드로 나뉜다.

● 체크카드(check card): 상품이나 서비스를 구입한 대금이 예금된 잔액 내에서만 지불되는 카드.

● 신용카드(信用card): 상품이나 서비스를 구입한 대금을 일정 기간 이후에 지불할 수 있게 되어 있는 카드

✤ 화폐 속 여행

도산서원

경상북도 안동에 있다. 안동댐과 더불어 조선의
유교 문화가 잘 남아있다. 먹을거리로는 안동찜
닭, 헛제삿밥 등이 있다.

찾아가기: 경상북도 안동시 도산면 도산서원길 154

경주 불국사

경상북도 경주시에 있는 다보탑은 화강암으로 만들어진 돌탑으로
1962년에 국보 20호로 제정되었다.

찾아가기: 경북 경주시 불국로 385

강릉 오죽헌

오죽헌은 신사임당이 태어난 집이다. 신사
임당은 결혼 후 오죽헌에 머물면서 이이를
낳는다.

먹을거리로는 순두부 등이 있다.

찾아가기: 강원 강릉시 율곡로 3139번길 24

다 함께 비비자

생각 펼치기

비빔밥을 먹어본 적이 있나요?

어떤 맛이었나요?

송위 : 이모, 그릇 하나 주세요.

희선 : 너 이제 이모란 말 잘 한다. 역시 교육의 힘은 대단해.

송위 : 내가 원래 <u>하나를 들으면 열을 알거든.</u>

희선 : 그래. 훌륭해. 비빔밥 먹자.

송위 : 정말 맛있겠다.

희선 : 넌 언제부터 비빔밥이 입에 맞았어?

송위 : 처음부터 맛있었어. <u>자나 깨나</u> 한국음식 생각뿐이야. 언양 불고기, 춘천 닭갈비, 동래 파전도 정말 좋아하잖아.

희선 : 안동 찜닭은 어때?

송위 : 맞다. 안동 찜닭도 맛있지.

희선 : 너, 맛있는 야채 듬뿍 든 잡채도 <u>죽고 못 살지?</u>

송위 : 당연하지. 아, 매콤한 김치찌개도 생각난다. 하나만 더 시켜 먹을까?

희선 : 너처럼 한국음식 잘 먹는 사람은 처음 봐. 비빔밥을 다 먹고 시키는 건 어때?

송위 : 그래. 일단 오늘은 비빔밥 먹고 내일은 돼지갈비 먹자.

희선 : 좋아.

✎ 관용어 및 어휘

- **하나를 들으면 열을 안다** : 한 마디 말을 듣고도 여러 가지 사실을 알 정도로 매우 똑똑하다는 말.
- **자나 깨나** : 잠들어 있거나 깨어 있거나 늘.
- **죽고 못 살다** : 몹시 좋아하거나 아끼다.

비빔밥은 고기나 채소를 여러 가지 양념에 넣어 섞고 비벼서 먹는 밥을 말한다. 비빔밥은 한국을 대표하는 동시에 한국의 특징을 드러내는 음식이기도 하다. 한국과 외국을 오가는 한국의 비행기에서는 식사로 비빔밥을 제공해 큰 인기를 끌고 있다.

비빔밥의 가장 큰 특징은 섞고 비빈다는 것이다. 당근, 시금치, 콩나물 등 다양한 채소와 고기가 고추장에 섞여서 하나가 된다. 이 과정을 거친 비빔밥의 재료는 자신의 맛을 잃지 않는다. 함께 하면서 더 좋은 맛을 내는 비빔밥을 통해 한국인에게 중요한 가치인 '함께' 혹은 '같이'를 생각해 보게 한다.

다음 특징은 건강에 좋은 채소와 고기를 고추장에 비빈 훌륭한 건강식이라는 점이다. 한국에서는 육식으로 인한 병이 매년 증가하면서 건강식을 찾는 사람이 많아지고 있다. 이러한 사회적 분위기에 맞는 음식이 비빔밥인 것이다.

비빔밥뿐만 아니라 한국 음식에는 양념을 많이 쓴다. 한국 대표 양념으로는 간장, 고추장, 된장이 있다. 간장과 된장은 콩으로, 고추장은 고추로 만든다. 이 양념이 맵고 짠 맛을 내는 한국 음식의 특징이다. 그래서 한국 음식의 맛은 양념에 따라 결정되는 경우가 많다.

한국에는 비빔밥 외에도 맛있는 음식이 많다. 발효 음식인 김치, 간장이나 고추장으로 양념한 불고기나 삼겹살, 김치찌개, 된장찌개 등도 한국을 대표하는 음식

이다.

또한 세계화의 영향으로 한국에서도 다양한 외국 음식점들이 많아지고 있다. 한국 음식은 다른 나라의 음식과 '같이' 먹어도 고유의 맛을 잃지 않을 뿐더러 다른 음식과 적절히 어울려 새로운 맛을 낸다.

● ●

● **양념** : 음식의 맛을 좋게 하려고 쓰는 재료.

1. 다음과 관련된 것을 연결해 보시오.

비빔밥 먹는 법 ·   · 발효 음식

비빔밥의 정신 ·   · 섞어서 비빔

된장의 재료 ·   · '함께'와 '같이'

김치 ·   · 콩

2. 앞글의 내용과 같으면 ○, 다르면 ✕를 표시하시오.

① 간장, 고추장, 된장은 양념이다.   (   )

② 고추장은 콩으로 만든다.   (   )

③ 한국 음식은 달고 싱겁다.   (   )

④ 비빔밥은 개인주의를 강조하는 음식이다.   (   )

3. 다음을 읽고 (   )에 들어갈 말을 각각 한 문장씩으로 쓰시오.

> 〈전주비빔밥 축제 취소 알림〉
> 전주에서는 매년 가을 다양한 비빔밥과 음식을 먹고, 즐길 수 있는 비빔밥 축제를 열어왔습니다. 2020년 코로나 19로 인해 전주비빔밥 축제를 전면 (   )
> 열심히 준비하여 내년에 더 알찬 모습으로 (   )

4. 다음의 문장에 맞는 관용어를 찾아 넣으시오.

| 하나를 들으면 열을 안다 | 자나 깨나 | 죽고 못 살다 |

- 우리 아들은 똑똑해서 (   )
- 부모님은 (   ) 내 걱정만 하신다.
- 한국 사람들은 김치에 (   )

– 비빔밥을 좋아하나요? 좋아하면 좋아하는 이유를, 싫어하면 싫어하는 이유는
무엇인가요?

....

....

....

....

....

....

– 가장 좋아하는 한국 음식은 무엇인가요?

....

....

....

....

....

....

– 여러분 나라를 대표하는 음식은 무엇인가요?

❖ 여러분만의 비빔밥을 만들어 보시오.

비빔밥 이름	
재료	예) 채소, 고기 등
양념	예) 고추장, 된장 등
밥의 종류	예) 흰쌀밥, 보리밥 등
그릇	예) 놋그릇, 유리그릇 등
도구	예) 젓가락, 포크 등

비빔밥은 지역별로 다르다. 가장 유명한 비빔밥은 전주와 진주 지역의 비빔밥이다.

	전주비빔밥	진주비빔밥
지역	전라북도 전주	경상남도 진주
특징	나물과 고기 등 20여 가지의 재료가 들어가는 비빔밥. 여기에 육회를 올리는 것이 특징이다. 전주비빔밥의 특징은 콩나물을 넣어 밥을 짓고 양지머리 육수를 사용하며 계절마다 은행, 잣, 밤, 호두 등 견과류를 이용한다. 	각기 다른 다섯 가지 색의 나물이 어우러진 비빔밥. 그 색상이 꽃모양이 된다고 해서 꽃밥, 또는 화반이라고도 한다. 밥에 숙주나물, 육회 등을 얹고, 선짓국을 곁들여 먹는 비빔밥이다.

❖ 한국의 대표 음식

비빔밥   김치   된장찌개

잡채   삼계탕   불고기

해물파전   갈비찜   만두국

냉면   죽   해물탕

카톡왔송!

💡 생각 펼치기

여러분은 어떤 방법으로 친구와 연락하나요?

그 방법을 쓰는 이유는 무엇인가요?

송위 : 너 왜 자꾸 약속을 안 지켜? <u>눈이 빠지도록</u> 기다렸잖아.

희선 : 미안해. 보고서를 쓰다가 컴퓨터가 꺼져서 얼마나 <u>기가 막혔는지</u> 몰라.

송위 : 아무리 정신없어도 연락은 했어야지.

희선 : 정신을 차리고 카톡 보냈는데 못 봤어?

송위 : 못 봤어. 언제 보냈어?

희선 : 아침에 카톡 보냈어.

송위 : 다음부터 문자로 보내줘. 유학생들이 많이 쓰는 메신저를 쓰니까 카톡을 덜 보게 되는 것 같아.

희선 : 한국인에게 카톡은 김치 같아. 그만큼 카톡을 많이 쓴다는 거지. 다음부터 전화를 할게.

송위 : 도대체 한국에서는 카톡을 왜 그렇게 많이 써?

희선 : 사용하기 편해. 어린 애들부터 할머니 할아버지까지 쉽게 쓸 정도야.

송위 : 네가 그렇게 이야길 하니까 카톡의 매력이 뭔지 더 궁금해져.

희선 : 좋아. 오늘은 카톡에 대해 알아보자.

✎ 관용어 및 어휘

- **눈이 빠지도록 기다리다** : 매우 안타깝게 오랫동안 기다리다.
- **기가 막히다** : 어떠한 일이 놀랍거나 못마땅해서 어이가 없다.
- **정신을 차리다** : 사리를 분별할 수 있는 정신을 가지다.

한국은 컴퓨터와 스마트폰 보급률이 전 세계에서 제일 높고 인터넷 속도도 가장 빠르다. 2018년 스마트폰 가입자는 5,000만 명을 넘어섰다. 거의 모든 국민이 휴대폰을 가지고 있는 셈이다.

한국인은 휴대폰을 SNS나 다양한 메신저 프로그램으로 이용한다. 한국에서 제일 인기 있는 메신저 프로그램은 '카카오톡(KAKAO)'이다. 이를 한국에서는 줄여서 '카톡'이라고 부른다.

2010년에 개발된 카톡은 한국 사회를 대표하는 SNS이다. 한국인의 97%가 카톡을 이용할 만큼 1위를 자리를 지키고 있다. 카톡을 사용하는 사람들이 증가하면서 다양한 기능들을 선보이고 있다.

카톡의 가장 큰 장점은 이용이 무료라는 점이다. 메시지, 전화 통화, 영상 통화까지 무료로 제공된다. 뿐만 아니라 뉴스, 게임, 쇼핑, 은행 업무까지 볼 수 있다.

카톡의 또 다른 장점은 인간관계를 유지하는 데 도움이 된다는 점이다. 가족, 연인, 친구들과 일상적인 인사를 주고받는다.

또 한국인이 많이 이용하는 포털사이트는 '네이버(NAVER)'와 '다음(Daum)'이다. 정보 검색뿐만 아니라 메일, 쇼핑, 블로그 등의 다양한 활동을 할 수 있다. 한국에서는 구글 등 다른 나라에서 인기 있는 포털 사이트들의 인기가 낮다. 그래서 세계적인 포털 사이트인 야후는 2012년 한국에서 철수하기도 했다.

한국의 포털 사이트들이 한국 문화의 변화와 발전에 관심을 가지고 한국인의 다양한 요구를 빠르게 반영하고 있기 때문이다.

이처럼 편리한 카톡과 포털사이트이지만 문제도 많다. 개인 정보 유출이 대표적인 예이다. 잘 쓰면 약이지만 제대로 쓰지 못하면 독이 되기도 한다.

한국의 포털사이트들은 대부분 회원 가입을 해야만 한다. 회원 가입을 할 때는 주민등록번호를 비롯하여 주소, 전화번호 등의 개인 정보를 요구하는 경우가 많다. 그래서 개인 정보가 유출되는 사고가 일어나기도 했다. 최근에는 이 문제의 심각성을 인식하고 개인의 정보를 안전하게 보호하기 위해 노력 중이다.

● ● ●

- **보급**(普及) : 어떤 것을 널리 퍼뜨려 여러 곳에 미치게 하거나 여러 사람이 누리게 함.
- **메신저 프로그램**(messenger program) : 문서 파일, 그래픽 파일, 음성 파일을 인터넷을 이용하여 전달하는 프로그램.
- **유출**(流出) : 귀한 물건이나 정보 등이 불법적으로 외부로 나가 버림. 또는 그것을 내보냄.

1. 다음과 관련된 것을 연결해 보시오.

네이버 ·   · 97%가 이용

카카오톡 ·   · 세계 최대

스마트폰 보급률 ·   · 한국 대표 포털 사이트

포털사이트의 문제 ·   · 개인정보 유출

2. '한국은 IT 강국'을 읽고 ○, ×를 표시하시오.

① 현재 야후는 한국에서 큰 인기를 누리고 있다.   (   )

② 한국의 인터넷 속도는 세계에서 가장 빠르다.   (   )

③ 카카오톡은 일본에서 개발된 메신저 프로그램이다.   (   )

④ 한국은 세계에서 컴퓨터와 스마트폰 보급률이 제일 높다.   (   )

3. 다음을 읽고 (   )에 들어갈 말을 각각 한 문장씩으로 쓰시오.

> 〈카카오톡 플러스톡 접속 오류 안내〉
>
> 오늘 오후 3시부터 카카오톡의 오류로 접속이 되지 않고 있습니다.
>
> 고객님의 넓은 마음으로 (   ) 접속이 정상이 되
>
> 면 빠르게 답변을 (   )

4. 다음의 문장에 맞는 관용어를 찾아 넣으시오.

> 눈이 빠지도록 기다리다   기가 막히다   정신을 차리다

- 지난 겨울에는 대학교 합격 소식을 (   )
- 일찍 나오고도 눈 때문에 지각을 하다니 (   )
- 지진이 났지만 (   ) 상황을 파악했다.

– 여러분은 카톡을 주로 어떨 때 쓰나요?

....

....

....

....

....

....

– 카톡의 장점과 단점은 무엇이라고 생각하나요?

....

....

....

....

....

....

– 여러분 나라에서 사용하는 메신저는 무엇이며 어떤 특징이 있나요?

....

....

....

....

....

....

....

❖ 한국의 포털 사이트에 가입해 보시오.

NAVER

아이디

@naver.com

비밀번호

🔒

비밀번호 재 확인

🔒

이름

생년월일

년(4자)   월   ∨   일

성별

성별   ∨

본인 확인 이메일(선택)

선택 입력

휴대전화

대한민국 +82   ∨

전화번호 입력   인증번호 받기

인증번호 입력하세요

가입하기

한국에는 통신사가 3곳이다. KT, SK, LG U+가 그곳이다. 통신사들은 고객을 확보하기 위해 치열한 경쟁을 한다. 이들 통신사를 이용하면 영화관, 식당, 편의점 등에서 할인을 받을 수 있다.

통신사

구분	혜택	SKT		KT			LG U+	
		VIP	Gold, Sliver	VVIP	VIP	Gold~ 일반	VIP+/ VVIP/VIP	다이아몬드 +~일반
영화	무료 티켓 제공	CGV, 롯데시네마, 메가박스		CGV (1Day 무비패스)	CGV, 롯데시네마, 메가박스		CGV, 메가박스 (~1.31)	
	티켓 할인	씨네큐				CGV, 롯데시네마		메가박스 (~1.31)
		–	메가박스					
공연	멤버십 컬처	최대 50%할인 및 공연 초대권 응모		최대 50%할인 및 공연 초대권 응모		최대 50%할인		
	미술관			대림미술관, 디뮤지엄			k현대 미술관	

☕ 쉬어가기

❖ 카톡의 언어

카톡의 언어	의미
ㅇㅇ	응응
ㅋㅋ	킥킥
ㅎㅎ	히히
ㅂㅂ	바이바이(잘가)
ㄱㅅ	감사
ㅇㅋ	오케이(okay)
생파	생일파티
생선	생일선물
갈비	갈수록 비호감
걍	'그냥'의 줄임말
희귀템	희귀한 아이템(잘 볼 수 없는 사람이나 물건)

Tip. 카톡 예절

1. 업무시간 이후에 메시지를 보내지 않는다. 평일 밤 9시 이후, 주말에는 연락하지 않는다.
2. 카톡은 공적인 관계에서는 예의를 지켜서 보낸다.
3. 공공장소에서 매너모드(진동/무음)를 유지한다.

14

드라마 공화국

생각 펼치기

여러분이 한국에 관심을 가지게 된 이유가 무엇인가요?

한국 드라마는 재미있나요?

희선 : 너 어제 왜 결석했어?

송위 : 중국에서 친구가 갑자기 와서 수업에 못 왔어.

희선 : 그 친구한테 급한 일 생겼어?

송위 : 한국에 오면 김수현을 볼 수 있을 것 같아서 왔대. 내가 한국에 있으니
        <u>발벗고 나섰지.</u>

희선 : 정말? 대단하다. 김수현을 얼마나 좋아하기에 한국까지 와?

송위 : 김수현 이야길 <u>입에 침이 마르도록 해.</u>

희선 : 김수현 만났어? <u>하늘의 별따기</u>만큼 어렵다고 하던데.

송위 : 만났어. 사인까지 받아왔지.

희선 : 정말? 네 친구가 엄청 좋아했겠다.

송위 : 당연하지. 꿈에 그리던 일이었대.

희선 : 참, 김수현이 드라마에서 먹었던 만두 먹었어?

송위 : 드라마를 보고 먹으니 더 맛있더라고.

희선 : 정말 좋았겠다. 다음에는 나도 같이 가.

송위 : 좋아. 연락할게.

✎ 관용어 및 어휘

- 발(을) 벗고 나서다 : 어떤 일에 매우 적극적으로 나서다.
- 입에 침이 마르다 : 다른 사람이나 물건에 대하여 거듭해서 말하다.
- 하늘의 별 따기 : 무엇을 얻거나 이루어내기가 매우 어렵다는 말.

한국은 드라마를 사랑하는 나라이다. 그래서 드라마공화국이라고 부른다.

가장 큰 특징은 방영되는 드라마의 수가 많다는 점이다. 월화드라마, 수목드라마, 주말드라마 등 일주일 내내 드라마가 방영된다. 그래서 각 방송국마다 매일 아침부터 밤까지 최소 4~5편의 드라마가 방영된다.

이렇게 많은 드라마가 방영되지만 드라마를 즐기는 사람들이 많아서 드라마 제작은 점점 늘고 있다. 한국인에게 드

〈별에서 온 그대〉

라마는 일상이다. 그들은 매일 저녁 가족들과 둘러 앉아 드라마를 보면서 하루의 피로를 푼다.

한국 드라마의 가장 큰 특징은 '사랑'을 주제로 다룬다는 것이다. '사랑'은 인간의 가장 보편적인 감정이다. 한국 드라마는 이를 감동적이면서 아름답게 잘 표현하는 것으로 유명하다.

최근에는 한국 드라마의 장르나 소재도 다양해지고 있다. 수사물이나 추리물, 역사적 사실을 재해석한 퓨전 사극 등 다양한 장르가 높은 인기를 얻고 있다.

한국 드라마의 경쟁력이 높아지면서 한류 열풍을 일으키고 있다. 한류는 1990년대 말부터 아시아에서 시작한 한국 대중문화의 열풍을 말한다. 현재는 아시아뿐만 아니라 유럽, 미국 등 한국 드라마가 전세계적으로 인기가 높아지고 있다.

드라마와 함께 영화도 인기 있는 대중문화이다. 한국 영화는 1919년 시작되었는데, 2019년에 백 년이 되었다. 2020년에는 봉준호 감독의 <기생충>이 미국 아카데미시상식에서 작품상, 감독상 등을 수상하기도 했다. 이는 한국 영화 100년 역사상 최초의 일이다. <기생충>의 성공은 한국 드라마, 영화의 미래를 더욱 밝히는 일로 평가받고 있다.

• **장르**(genre) : 문학이나 예술의 갈래나 분야.
• **소재**(素材) : 예술 작품을 만드는 데 바탕이 되는 구체적이거나 추상적인 대상.
• **수사물**(搜査物) : 형사가 범인을 잡는 과정을 다룬 연극, 영화, 드라마 따위.
• **추리물**(推理物) : 사소한 단서를 통하여 복잡하게 얽힌 사건을 해결해 나가는 줄거리를 담고 있는, 흥미 있는 소설이나 영화.
• **퓨전사극**(fusion 史劇) : 다양한 장르가 결합된 역사극.
• **대중문화**(大衆文化) : 대중이 만들고 누리는 문화.

1. 다음과 관련된 것을 연결해 보시오.

퓨전 사극	•	• 사랑
한국인에게 드라마의 의미	•	• 100년
한국 영화의 역사	•	• 역사적 사실을 현대적으로 재해석
한국 드라마 주제	•	• 일상

2. 앞의 글과 내용이 같으면 ○, 다르면 ×를 표시하시오.

① 최근 한국 드라마의 인기가 떨어지고 있다.　　　　　　(　　　)

② 한국 드라마는 풍부한 유머를 가지고 있다는 특징이 있다.　　(　　　)

③ 한국 드라마는 인간의 기본 정서를 감동적으로 그려낸다.　　(　　　)

④ 한국 드라마는 특별한 날 가족이 함께 모여 보는 장르이다.　　(　　　)

3. 다음을 읽고 (   )에 들어갈 말을 각각 한 문장씩으로 쓰시오.

〈팬 사인회 안내〉
얼마 전 여론조사 1위를 차지한 한류 배우 이민호가 팬 사인회를
(   ) 사인회 장소는 덕수궁 잔디 광장입니다. 참가
를 희망하시는 분은 종이에 이민호가 출연한 드라마의 명대사를 적어
가져오시면 (   )

4. 다음의 문장에 맞는 관용어를 찾아 넣으시오.

| 발 벗고 나서다 | 입에 침이 마르다 | 하늘의 별따기 |

• 그녀는 어려운 사람을 보면 (   ) 도와주었다.

• 우리 엄마는 아들을 (   ) 자랑한다.

• 한국에서 배우가 되는 일은 (   )만큼 어렵다.

– 여러분이 좋아하는 한국 드라마는 무엇인가요?

– 여러분이 생각하는 한국 드라마의 특징은 무엇인가요?

– 여러분 나라의 드라마는 어떤 특징을 가지고 있나요?

....

....

....

....

....

....

❖ 좋아하는 한국 드라마의 감상문을 써 보시오.

서론	....
본론	....
결론	....

※ 감상문 쓰는 TIP!
　서론(10%) : 흥미.
　본론(80%) : 줄거리 및 가치/의미
　결론(10%) : 요약

❖ 한국의 방송사

지상파: KBS, MBC, SBS(지역민방), EBS 등이 있다.

종합편성채널 : JTBC, MBN, 채널A, TV조선 등이 있다.

보도전문채널 : YTN, 연합뉴스TV 등이 있다.

❖ 드라마 촬영지를 찾아 떠나는 서울 여행

고궁 : 경복궁, 창덕궁 등
경복궁을 중심으로 동쪽, 남쪽으로
가면 창덕궁, 덕수궁 등이 있다.
경복궁 주소: 서울 종로구 사직로 161

남산타워
남산타워, 케이블카, 서울야경 등
다양한 재미를 느낄 수 있다.
주소: 서울 용산구 남산공원길 105

한강
여의도, 뚝섬 등에 다양한 공원이
조성돼 있다.
주소: 서울 영등포구 여의공원로 68

한국인의 힘, 교육열

💡 생각 펼치기

여러분은 어떨 때 행복을 느끼나요?

여러분은 인생에서 공부가 얼마나 중요한가요?

희선 : 나 오늘 오후 수업은 못 듣겠어.

송위 : 어디 아파?

희선 : 학원을 다니느라 파김치가 됐거든.

송위 : 그러니까 무슨 학원을 그렇게 많이 다녀?

희선 : 토익 점수에 <u>발목 잡혔거든.</u> 학원을 조금만 더 다니면 원하는 점수까지 올라 갈 거야.

송위 : 천천히 해.

희선 : 학원은 세 개밖에 안 되는데 뭐. 어릴 땐 일곱 군데도 다녔어.

송위 : 대단하다.

희선 : 다들 하니까 한 거지. 학원에 가지 않으면 친구도 없었거든.

송위 : 친구 만나러 학원 갔던 거야?

희선 : 공부도 하고, 놀기도 하고. <u>도랑치고 가재도 잡고.</u> 한국에선 다 그래.

송위 : 넌 공부가 지겹지도 않아?

희선 : 지겹지만 다들 하는 거니까 해야지.

송위 : 대학에 와서도 그렇게까지 할 필요 없잖아.

희선 : 취업 하려면 경쟁이 얼마나 치열한데. 너도 나랑 같이 학원 다니자.

송위 : 난 싫어. 난 나만의 방법으로 취업에 성공할 거야. 넌 어서 집에 가서 약 먹고 쉬어.

희선 : 어. 그래야겠어. 안녕.

🖉 관용어 및 어휘

- **파김치가 되다** : 몹시 지쳐서 기운이 아주 느른하게 되다.
- **발목(을) 잡히다** : ① 어떤 일에 꽉 잡혀서 벗어나지 못하다.
  　　　　　　　　　　② 남에게 어떤 약점이나 단서를 잡히다.
- **도랑 치고 가재 잡는다** : 한 가지 일을 하면서 두 가지 이익을 보다.

우리는 누구나 행복하게 살기를 원한다. 한국에서는 공부를 잘하는 것이 성공하는 것이고, 그것이 행복하게 되는 일이라고 생각한다.

그래서 한국은 대학 진학률이 높은 나라이다. 고등학교 졸업생의 80% 이상이 대학교에 진학한다. 한국에서는 초등학교를 다닐 때부터 대학 입학을 준비한다.

한국의 초, 중, 고교 학생들은 학교에서 공부를 할 뿐만 아니라 평균 두 군데

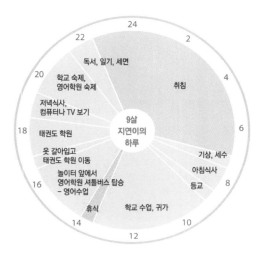

경향신문, 2014.3.21.

이상의 학원을 다닌다. 학생들이 집에 돌아오면 밤 10시가 넘는 것이 보통이고, 심지어 토, 일요일까지 학원을 다닌다. 한국 학생들이 미래를 준비하고 노력하는 자세는 대단하다.

뿐만 아니라 한국 부모들도 자녀들의 공부를 위해 엄청난 돈과 시간을 투자한다. 한 가정에서 자녀를 위해 쓰는 교육비가 OECD 평균의 3.5배가 될 정도이다. 자녀에게 경제적인 지원을 아끼지 않는 이유는 한 가지이다. 공부를 잘해야 명문대학에 입학하고, 명문대학을 졸업하면 성공하기 쉽다고 생각하기 때문이다.

그래서 대학 입학시험인 수능 시험 날에는 자녀들이 시험을 치는 동안 절에서 기도를 하며 자식의 합격을 기원한다. 시험에 꼭 붙으라는 의미에서 엿을 학교 교문에 붙이기도 한다. 이렇듯 한국의 부모들은 자식이 좋은 환경에서 공부할 수 있도록 수고를 아끼지 않는다.

하지만 좋은 성적을 얻는 것만이 중요한 일이 되면서 아이들의 다양한 꿈이 사라져 가고 있다는 비판도 높다. 2019년 방영된 드라마 <스카이캐슬>은 교육 문제의 심각성을 다루고 있어 한국 사회에 큰 메시지를 던지기도 했다.

- **진학**(進學) : 어떤 등급의 학교를 졸업한 뒤, 그보다 높은 등급의 학교에 들어감.
- **엿** : 밥을 엿기름으로 발효시켜 물처럼 될 때까지 약한 불로 끓인 뒤 졸여서 만든 달고 끈적끈적한 음식.
- **투자**(投資) : 이익을 얻기 위해 어떤 일이나 사업에 돈을 대거나 시간이나 정성을 쏟음.
- **명문**(名門) : 훌륭한 전통으로 세상에 이름난 좋은 학교.
- **방영**(放映) : 텔레비전으로 방송을 내보냄.

1. 다음과 관련된 것을 연결해 보시오.

수능 시험 •		• 성공과 행복
명문대학교 •		• 교육 문제 비판
엿 선물 •		• 대학 입학 시험
스카이캐슬 •		• 합격 기원

2. 앞의 글과 내용이 같으면 ○, 다르면 ×를 표시하시오.

① 한국에서는 고등학교 졸업생 50%가 대학교에 진학한다.   (   )

② 한국 학생들은 평균 두 군데 이상의 학원을 다닌다.   (   )

③ 부모들은 학교의 문에 엿을 붙이며 기도한다.   (   )

④ 한국의 교육비 지출은 OECD 대비 5.3배이다.   (   )

3. 다음을 읽고 (   )에 들어갈 말을 각각 한 문장씩으로 쓰시오.

> 〈모집 광고〉
> 토익 점수에 발목 잡혀 고생 중입니까? 저희 학원에서는 토익으로 고생
> 하는 분들을 위해 2주 만에 900점대를 받을 수 있는 반을 (   )
> 단기간에 점수를 높이고 싶은 분들은 (   )

4. 다음의 문장에 맞는 관용어를 찾아 넣으시오.

> 파김치(가) 되다   발목을 잡히다   도랑 치고 가재 잡는다

- 중간고사를 치고 나면 (   ).
- 과제에 (   ) 주말 내내 공부를 했다.
- 한국에서 취업하고 결혼했으니 (   ) 셈이다.

– 한국의 교육열에 대해 들어본 적 있나요?

....

....

....

....

....

....

– 경쟁이 치열한 사회는 어떤 문제를 가지고 있을까요?

....

....

....

....

....

....

– 여러분 나라의 대학 입학은 경쟁이 치열한가요?

활동

❖ 공부에 대한 여러분의 생각을 짧은 카피(copy)로 만들어보시오.

> 예) 지금이 행복할 기회입니다. 공부는 행복으로 가는 지름길.

⇓

✤ 한국 위인의 공부법

다산 정약용 : 핵심을 뽑아서 정리하기

책을 읽으면서 핵심이 되는 내용을 뽑아 따로 정리하는 공부법(초서법). 이때 정리하면서 떠오르는 아이디어를 같이 적기도 한다.

세종대왕 : 읽으면서 쓰기

세종대왕은 책의 내용을 소리 내어 읽으면서 손으로 기록했다. 한 권을 한 번 읽을 때마다 한 번을 쓰고 횟수를 표시해 나갔다. 이를 한 권에 백 번을 했다고 하여 백독백습이라고 한다.

율곡 이이 : 완전히 이해하기

율곡은 책을 읽으면 반드시 통달해야 하고 마음으로 깨닫고 몸으로 실행하는 데까지 나아가야 함을 강조했다.

퇴계 이황 : 몰입해 읽기

퇴계는 책에 몰입하여 읽고 또 읽는 반복 공부였다. 그는 어떤 책을 읽더라도 한번 읽기 시작하면 완전히 깨우치기 전에는 책을 손에서 놓지 않았다.

❖ 드라마 〈스카이캐슬〉

    〈SKY캐슬〉은 2018년 11월 23일~2019년 2월 1일까지 방영한 드라마이다. 'SKY캐슬'은 대한민국 최고의 명문 사립 대학교의 교수와 의사가 모여 사는 주택을 말한다. 상위 0.1%인 이들이 자녀를 명문대에 보내기 위해 돈과 시간을 투자하면서 생기는 이야기이다.

    종합편성사인 JTBC에서 20부작으로 방영되며 최고 시청률 23.8%를 기록했다. 염정아, 정준호, 이태란, 김서형 등이 출연해 큰 화제를 불러 모았다.

완전 정복 정답

1강

1. 광복절, 8월 15일, 한국의해방 / 삼일절, 3월1일, 독립운동 / 한글날, 10월 9일, 훈민정음 / 개천절, 10월 3일, 고조선건국 / 제헌절, 10월 9일, 한국헌법

2. ○ / × / × / ×

3. 안내하고자 합니다. / 쉽니다, 운영하지 않습니다.

4. · 공휴일에는 아무 것도 하지 않고 쉬기로 마음먹었다.
   · 내가 한국에 와서 한국어를 배우게 될 것이라고는 꿈에도 생각하지 못했다.
   · 도둑을 맞고 나서 비밀 번호를 바꾸는 것은 소 잃고 외양간 고치는 일이다.

2강

1. 고조선 단군/환웅 환인의 아들/곰 웅녀/한국인 단일 민족

2. ○ / × / × / ×

3. 모집하고자 합니다./신청 바랍니다.

4. · 호랑이야, 참는 자에게 복이 있다고 하니까 조금만 참자.
   · 나는 귀가 얇아서 또 휴대폰을 새로 바꿨어.
   · 만우절에 눈도 깜짝 안 하고 거짓말을 해서 친구들이 엄청 놀랐다.

3강

1. 추석 음식 송편/추석 놀이 강강술래/설 음식 떡국/설 놀이 연날리기

2. × / ○ / ○ / ○

3. 무료로 이용 가능합니다./오시면 됩니다.

4. · 이번에 떡국을 먹으면 서른이 된다.
   · 농촌 사람들은 가을에 눈코 뜰 사이 없다.
   · 가는 말이 고와야 오는 말이 곱다는 말이 있으니깐 항상 조심해야 해.

4강

1. 관례 성인식/혼례 결혼식/상례 장례식/제례 제사

2. × / ○ / × / ×

3. 결혼식을 하고자 합니다./축하해 주시기 바랍니다.

4. · 우리는 지난 주말 부모님을 만나 날을 잡았다.
   · 올해 안에 남자친구가 생기면 국수를 먹게 해 줄게.
   · 우리 학과의 희선이는 원래 콧대가 높았다.

5강

1. 연필 공부/돈 곡식 부자/실타래 건강/마이크 방송인/청진기 의사/골프공 운동선수

2. × / ○ / ○ / ○

3. 돌잔치를 하고자 합니다./연락 주시면 감사하겠습니다.
4. · 김칫국부터 마시지 말고 운동이나 열심히 해.
   · 막내아들은 눈에 넣어도 아프지 않다.
   · 할머니는 송위에게 음식을 상다리가 부러지게 차려주셨다.

6강

1. 본관 시조가 태어난 곳/동성동본 성과 본관이 모두 같음/돌림자 가족이나 친족임을 나타내기 위해 이름에 똑같이 넣는 글자/ 현대 가족 문화 핵가족
2. × / ○ / ○ / ×
3. 감사하겠습니다./살도록 하겠습니다.
4. · 찬물도 위아래가 있으니 할머니께서 먼저 드세요.
   · 김 교수님은 학생들과 해외 연수를 떠나게 돼 어깨가 무겁다./무거웠다.
   · 사람은 죽으면 이름을 남기고 호랑이는 죽으면 가죽을 남긴다고 했으니까 열심히 연구를 하겠습니다.

7강

1. 이모 어머니의 여자 형제/숙모 삼촌의 아내/고모 아버지의 여자 형제/사촌 아버지 친형제의 아들이나 딸
2. × / ○ / × / ○
3. 있으면, 있으시면 참석 바랍니다./참석이 어려우면 연락 주십시오.
4. · 농촌에서는 이웃이 사촌보다 낫다고 생각하는 사람이 많다.
   · 한국에서는 피는 물보다 진하다고 생각한다.
   · 천 리 길도 한 걸음부터라는 말처럼

꾸준히 공부할 것이다.

8강

1. 한국 동방예의지국/식구 밥 먹는 입/식사 진지/밥상머리 교육 예의 인성 향상
2. × / ○ / ○ / ○
3. 늦지 않게 와/오면 돼, 될 거야.
4. · 어렸을 때 가난해서 밥 구경을 못했던 적이 많았다.
   · 송위는 변명을 하느라 진땀을 흘렸다.
   · 나는 선생님의 말씀을 가슴에 새겼다.

9강

1. 인천 제2의 항구 도시/대구 교육, 섬유 산업 도시/광주 맛과 문화의 도시/부산 휴양, 제1의 항구 도시/대전 교통의 중심지/울산 산업 도시
2. × / ○ / × / ○
3. 신설했습니다./많은 이용 바랍니다.
4. · 희선이는 학교에서 넘어지면 코 닿을 데 살지만 지각을 자주 한다.
   · 유럽 배낭여행을 다녀오면 우물 안 개구리 신세를 벗어날 거야.
   · 신형 스마트폰은 비싸서 나한테는 그림의 떡이다.

10강

1. 먹어, 먹아, 강원도/이러지 마시오, 이러지 말랑께잉, 전라도/굴러가요, 굴러가유, 충청도/그 아이가 그 아이인가, 가가 가가, 경상도
2. × / ○ / ○ / ×
3. 엽니다. 개최합니다/신청바랍니다.
4. · 어머니는 손이 커서 김장을 200포기나 하셨다.

· 저 자전거는 내가 타려고 하니까 눈독
  을 들이지 마.
· 기계공학과 학생이 냉장고를 고치는
  일은 식은 죽 먹기이다.

11강
1. 오천원, 이이/만원, 세종대왕/오만원, 신사
   임당/천원, 이황/백원, 이순신
2. × / × / ○ / ○
3. 시작하였습니다. / 관심을 바랍니다.
4. · 휴가철 해수욕장에는 바가지를 씌우는
     가게가 많다.
   · 송위는 허리띠를 졸라매 서울로 가는
     비행기 표를 샀다.
   · 한국이 좋은 나라라는 것은 두말하면
     잔소리다.

12강
1. 비빔밥 먹는 법, 섞어서 비빔/비빔밥의
   정신, 함께와 같이/된장의 재료, 콩/김치,
   발표음식
2. ○ / × / × / ×
3. 취소하고자 합니다./ 찾아뵙겠습니다.
4. · 우리 아들은 똑똑해서 하나를 들으면
     열을 알아.
   · 부모님은 자나 깨나 내 걱정만 하신다.
   · 한국 사람들은 김치에 죽고 못 산다.

13강
1. 네이버, 한국 대표 포털 사이트/카카오톡,
   97%가 이용/스마트폰 보급률, 세계 최대/
   포털 사이트의 문제, 개인정보 유출
2. × / ○ / × / ○
3. 이해해 주시기 바랍니다/ 하도록 하겠습

니다.
4. · 지난 겨울에는 대학교 합격 소식을 눈
     에 빠지도록 기다렸다.
   · 일찍 나오고도 눈 때문에 지각을 하다
     니 기가 막히다./막혔다.
   · 지진이 났지만 정신을 차리고 상황을
     파악했다.

14강
1. 퓨전사극, 역사적 사실을 현대적으로 재
   해석/한국인에게 드라마, 일상/한국 영화
   의 역사, 100년/한국 드라마의 주제, 사
   랑
2. × / × / ○ / ×
3. 개최합니다./됩니다.
4. · 그녀는 어려운 사람을 보면 발 벗고 나
     서 도와주었다.
   · 우리 엄마는 아들을 입에 침이 마르게
     자랑한다.
   · 한국에서 배우가 되는 일은 하늘의 별
     따기만큼 어렵다.

15강
1. 수능 시험, 대학 입학 시험/명문대학교,
   성공과 행복/엿 선물, 합격 기원/스카이
   캐슬, 교육 문제 비판
2. × / ○ / ○ / ×
3. 모집하고자 합니다./신청바랍니다.
4. · 중간고사를 치고 나면 파김치가 된다.
   · 과제에 발목을 잡혀 주말 내내 공부를
     했다.
   · 한국에서 취업하고 결혼했으니 도랑
     치고 가재 잡은 셈이다.